『子どもの心のコーチング』シリーズ

エニアグラムで幸せ子育て

自分と子どもが よくわかる本

菅原裕子

二見書房

自分と子どもがよくわかる本

エニアグラムで幸せ子育て

まえがき

あなたは自分の性格で悩んだことはありませんか？
自分の性格で不思議を感じることはありませんか？

なぜ、私はこんなに人目を気にするのだろう？
なぜ、私はすぐに腹を立てるのだろう？
なぜ、私はすぐに落ちこむのだろう？
なぜ、私は何かにつけて不安を感じるのだろう？
なぜ、私はこんなにも落ち着かないのだろう？

子どもに対して「なぜ？」と感じたことはないですか？

なぜ、この子は家の中で本ばかり読んでいるの？
なぜ、この子はこんなひどい点数で「大丈夫！」なんて笑っていられるの？
なぜ、この子はこんなに乱暴なの？
なぜ、この子はいつもぼんやりしているの？
なぜ、この子はこんなに頑固でぐずなの？

私は、自分が成人するころには、自分に関するいくつもの「なぜ？」を抱えて生きていました。

それらが理解できて、受け入れられるようになったのは、エニアグラムを学んでからです。はじめてエニアグラムに出会ったときの感動は、いまだに忘れません。私が抱えていた「なぜ？」が、すべて解明されていたのです。

そのとき私は、エニアグラムが、自分の成長を望むすべての人たちに大変役立つものだと思いました。自分の性格や人間関係に悩む人にとっては、その悩みを解決する道具として。そして、子育てにおいては必須の知恵だと確信したのです。

「エニアグラムを知っていれば、子どもの心を正しく導くことができる！」

私はワクワクしました。

私は、ハートフルコミュニケーションを通して、子どもの心を自立へと導くことの重要性を伝えていましたが、エニアグラムはそこに厚みを加えてくれました。ひとりひとりの子どもを、気質にそって導くという方法を教えてくれたのです。

それは、子ども以前に、親である自分を正しく導くことから始まります。

私たちが子どもとうまく接することができないとき、それは私たちが自分の気質の落とし穴に落ちたときです。

たとえば、「言うことを聞かない子どもにすぐに腹を立てる」とか、「子育てのやり方に不安を感じてしまう」「ついつい子どもに多くを求めてしまう」というのは、私たち親の気質が持つ落とし穴の数々です。誰にでもあることですが、それがずっと続くと、親子ともに大きなストレスとなります。

親が自分の気質の落とし穴に落ちているとき、私たちは子どもを適切に導くことができません。それどころか、子どもの状態を悪いほうへと導いてしまいます。まるで、子どもを抱えて、自分の落とし穴に落ちこんでしまうようなものです。

気質の落とし穴に落ちることを予防するには、まずは自分と正面から出会うことです。よく「本当の自分と出会うことが怖い」と言う人がいます。まるで、本当の自分というのが邪悪なものであるかのように。

でも、そんなことを心配する必要はありません。エニアグラムが、あなたが自分と正面から出会うのを助けてくれます。「私はなぜ？」のからくりがわかれば、安心して自分の成長と取り組むことができます。

自分の気質が理解でき、自分とうまく付き合えるようになったら、今度は子どもの気質に目を向けてください。

子どもの気質を理解できれば、子どもがどんな状態のとき、もっとも幸せでいられるかがわかります。どこに向かわせることが、子どもを真の幸福に導くかを知っていれば、子どもに過剰なストレスを与えずにすむのです。

あとは、子どもが自分の手で自分を幸せに導くよう見守ることです。

この本が、皆さんに、長い歴史の中ではぐくまれた「エニアグラム」という生きるための知恵を、少しでも届けることができるよう祈ります。

もくじ

第1章 ハートフルコミュニケーションとは何か？

第2章 エニアグラムとは何か？

第3章 あなたと子どものタイプを判定する

第4章 エニアグラムの9つのタイプ

第5章 より大きな充実のために

イラスト●ひらさわきょうこ
デザイン●ヤマシタツトム
執筆アシスタント●島崎真由子

第1章

ハートフルコミュニケーションとは何か？

ハートフルコミュニケーションとは何か?

子育てが目指す先は、子どもの自立です。子どもが、自分自身の人生を幸せに導けるよう、生きる力を育てることこそが、親の仕事です。

ですから私たち親は、子どもの自立を助け、子どもが自分の力で幸せをつかめるように、毎日の暮らしの中で何ができるかを考えていかなくてはなりません。子どもの自立と、それを支える親のあり方を考え、その方法を学ぶ場が、「ハートフルコミュニケーション」というプログラムです。

子育てを学ぶということに、意外な感覚を持つかもしれません。そんなことは学ばなくても知っている、と思う方もいるかもしれません。

子育てを学ぶとは、どんなことだと思いますか? 私が基本としてとらえていることは、2つあります。

ひとつは、子どもの感じ方や考え方を理解すること。

そしてもうひとつは、理解したことにそって、子どもがやりたくなるような接し方ができるようになること、です。

それは、花を育てるときと同じです。私たちは、買ってきた花の種をまくとき、その育て方を調べます。いつまくのか、どのくらいまくのか、日陰に置いたほうがいいのか、たっぷりの日差しが必要か。芽を出したら、そのあとはどう世話をすれば花をつけるようになるのか。

つまり、その花に合わせて育てます。そうすることで、見事な花を咲かせることができます。

人も同じです。その子がどんな子であるかを理解し、その気質にそって育てることで、子どもは「自立」という美しい花を咲かせることができるのです。

子どもを理解することを学ぶ

その種が、発芽できない環境にまかれたらどうなるでしょう。開花できない環境においては、見事な花を咲かせることはできません。

人間はどうでしょう。親子の間でも、意見の違いによって摩擦が生じます。それはどうしようもないことであり、適度な摩擦は、関係をより興味深いものにしてくれる可能性があります。互いに相手から学べるからです。

ところが、過度で不要な摩擦は、ストレスになります。親子の間に過剰なストレスがあるときは、親は子どもを導くことができません。

子どもとのやりとりで、不要な摩擦を起こして、彼らを幸せに導くどころか、その反対の結果に導いてしまっている親は多いようです。豊かな体験であるはずの子育てを、苦痛にしてしまって悩む親がいるのです。

「親だから、そんな苦労は当たり前」

そう言って、親子の摩擦をごまかす人がいますが、それはどうでしょう。

親の苦労なら親が我慢すればいいのですが、じつは子どものほうに我慢をさせていて、それに気づかないまま過ごしているケースもあるのです。

親から理解されないことを我慢することは、その子の自立をうながしません。親に理解されない中では、子どもは自分の人生を幸せに導くことを学べないのです。

自分を理解することから始まる

そこで私は、親たちに子育てを学ぶことをすすめます。

ただしそれは、「子どもをどうするか」ではなく、「自分とどう向き合うか」を学ぶことです。子どもを含め相手の感じ方や考え方を理解することは、自分のそれを理解することから始まるからです。つまり子育ては、自分を学び、人を学び、生き方を学ぶための絶好の機会なのです。

ある年配の女性とハートフルコミュニケーションの話をしたときの、彼女の言葉が印象的でした。

「私は子どもから、私自身について、とても多くのことを教わった。子育てをしていく中で、だんだん自分のことがよく理解できるようになって、子どものことも理解できるようになるの。それで、さあ、『いよいよ、いい子育てができる』と思うころには、もう子どもは私のそばにはいないのよね」

物静かでまじめで誠実な彼女が、息子に求めたのは、同じように物事に誠実に向かうこと。ところが、自由で楽しいことが好きな息子は、彼女の枠におさまりません。2人はことごとくぶつかります。

結局、息子が中学生になるころから、2人は大変苦労します。彼女は日々の息子との葛藤の中で、彼がどんな人間かを学んでいったわけですが、その代償は大きかったと語ります。彼をそのままに受け入れるころには、彼はもう親の元を去っていました。「もっと早くに、あなたと話せていたらねぇ」と、彼女はため息をつきました。

かつて彼女が子育てをするころは、子育ては学ぶものではありませんでした。知っていて当然のことでした。いえ、知らなくても、知っているふりをせざるをえなかったのかもしれません。

でも、今は違います。人をどう理解し、どう接することでうまくいくかを、心理学的な側面から学ぶことができるのです。

ハートフルコミュニケーションのメッセージ「ヘルプ」

私は子育てにかかわる親のあり方を、「ヘルプ」と「サポート」という2つの言葉で表現しています。

ヘルプは、子どもができないことをかわりに親がやってあげること。

そしてサポートは、子どもが自分でできることを、親が見守る姿勢です。


娘が生まれて、病院から自宅に戻り、しばらくしてからのこと。娘は突然、この悲惨な世の中に生まれてきてしまったことを嘆くかのように、泣き始めました。オムツは大丈夫。おっぱいも充分に飲んだ。ほかに泣く理由を考えても思いつきません。ところが、彼女は泣き叫びます。

唯一泣かないのは、私が抱いているときだけです。もし具合が悪いのなら抱いても泣くだろうから、病院へ行く必要はない。私は一日中、彼女を抱きました。私のほうが泣けてきました。これが子育てかと思うと、ぞっとしました。

そのとき、ふと思ったのが、「一生、こうやって抱いているわけではない」ということでした。「今は産休だし」「オムツは洗濯機が洗うし」「ほこりで死ぬわけじゃなし」「ええい、ずっと抱いてやる」。

何日ぐらい抱いていたのでしょう。彼女は静かに布団で寝るようになりました。

私がイライラするのをやめて、1日抱いていても大丈夫というところに意識を切り替えると、彼女は静かになったのです。「娘を抱くことが、私の唯一の仕事である」と、母親であることに身をまかせたのです。

ヘルプとは子どものニーズを満たすこと

子どもが自分の居心地のよい状態を自分でつくれず、ニーズ（欲求）が満たされないとき、かわりに子どものニーズを満たすのが親の仕事です。それがヘルプです。

そうやって子どもと付き合っているうちに、私は、きっと人間ひとりひとりは、このように扱われたいというのがあって、その子の親になるということは、その子がどう扱われたいかを見つけることだと思ったのです。

親である私がどうしたいかではなく、「この子は何を求めているの？」と、視点を相手に切り替えることです。

親が自分の視点でしか見ていないと、自分の思いどおりにならない子どもに対して、腹を立て、その怒りを子どもに向けます。あるいは、思いもかけない子どもの様子に不安を感じ、その不安を子どもに押しつけます。

子どもにしてみれば、「体調がよくない」「機嫌が悪い」「居心地が悪い」「甘えたい」「安心したい」と、私たち大人が感じるのと同じようなことを感じています。でも、大人とは違い、幼い子どもはそれを自分で満たすことができないのです。

ですから、私たち親がそれを満たします。それが親の仕事です。

乳幼児のニーズを満たすことは、生きることの心地よさを子どもに教えることです。自分に不都合があれば誰かがやってきて、具合よく整えてくれる。不安があっても、その不安を吹き飛ばすほどの大きな力が、自分をしっかり抱き取ってくれる。

そんな体験の中で、子どもは、生きることに肯定的な感情を抱きます。世界をよいものとしてとらえます。

ハートフルコミュニケーションのメッセージ「サポート」

子どもは成長し、成長に合わせて、自分のニーズを自分で満たすことを覚えていきます。

できるようになってきた子どもが、もっとうまくできるようになるよう、私たち親は自分の仕事を変化させ、今度は子どもが自分でやるのを見守ります。

これがサポートです。

親が子どものニーズを満たすヘルプから、子どもが自分のニーズを自分で満たせるように、サポート（見守りモード）に変化させます。

親が見守り、余計な手出しをしなければ、子どもはどんどん自分とうまく付き合えるようになっていきます。

親の気質の落とし穴

親が子どもをサポートする時期になっても、ヘルプし続けると、どうなるでしょう。子どもは自分の力で自分のニーズを満たすことを覚えず、自立して自分の人生を幸せに導くことができません。

そのとき親は、自分の気質の落とし穴に落ちているのです。気質の落とし穴は、それぞれの気質が持つ弱みです。

先日、こんな相談を受けました。
「子どもの高校受験が近づいて落ち着きません。子どもはのん気にテレビを見たり、ゲームをやったりで、なかなか成績も合格圏内に入らない。『そんなことじゃ合格しないよ！』と叱咤激励しても、『余計にやる気をなくした』とふてくされます。どうしたらいいのでしょう」

お母さんは完全に「不安」という、気質の落とし穴に落ちています。そして、おまけに子どもも巻き添えにしているのです。

もっと悪いことに、お母さんは、そうやって子どもに「勉強しろ」と言うのが親の仕事であると思っているのです。本当に子どもに勉強をさせたいのであれば、行うべきは、子どもがどんなときにやる気になるかを理解して、それを実行することです。

この具体的なやり方は、ぜひ、ハートフルコミュニケーションの本『子どもの心のコーチング』（二見書房）、『子どもを幸せに導くしつけのコーチング』（ＰＨＰ研究所）をご参照ください。

気質を理解することの大切さ

それらの子育てのプロセスを助けてくれるのが、気質の理解です。

まず、親である自分の気質を理解することから始まります。自分がどんな人間であるかがわかれば、自分との付き合い方がわかります。自分とうまく付き合える人は、ほかの人との付き合いでも、それほど苦労することはありません。

そして次に、子どもを含む家族の気質を理解することです。人が生まれつきどんな気質を持っているかを理解しておけば、「この子何なの？」「なぜ、ここでこんなことをするの？」などと、ストレスを感じることが少なくなるのです。

世の中には、気質理解のための理論が数多くあります。その中で、ハートフルコミュニケーションが紹介するのが「エニアグラム」です。

エニアグラムの詳しい説明は次の章でしますが、ここではこの本とエニアグラムの使い方をご説明します。

この本から発見できること

エニアグラムは、大変歴史の長い学問です。歴史の流れの中でさまざまな知恵との融合を果たし、現代においては、心理学を吸収した新しい知恵として注目を集める性格タイプ分析です。

私は、エニアグラムを学び始めてまだ10年ほどにしかなりません。学びながら、ハートフルコミュニケーションのワークショップなどで伝え始めました。

私はまだ、自分がエニアグラムを教えられるほどに理解したとは思っていません。たぶん、あと何年たっても同じように感じて、勉強を続けているでしょう。エニアグラムは、それほどに奥の深い学問です。

完全でないままになぜこれを伝えているかというと、子どもの性格に関して、また自分自身の性格に関して悩んでいる親が大変多く、嘆きを耳にしたり、相談を受けることが多いからです。

ある親が言います。

「息子を理解できません。はっきりものを言わないし、ぐずぐずしていて、『こうなの？』と聞いても、『わかんない』しか言わない。気まぐれで、意味不明な行動に困っています」

このお母さんは、息子がどうやらエニアグラムのタイプ4らしいとわかったとき、「あー納得！」と声を上げました。タイプ4の説明は、まるで息子のことを語っているようだと言うのです。

もし、このお母さんがエニアグラムを学ばなければ、彼女はタイプ4の息子をもっと追い詰めていたかもしれません。追い詰められたタイプ4の息子は、もっと自分の中に閉じこもり、親には心を見せなくなるかもしれません。

親が、息子をタイプ4だと理解すれば、息子が自分の世界に入りこんだとき、「もっとはっきりしなさい！」などと、土足で息子の世界に踏みこむことなく、さりげなく寄り添い、その適切な距離によって、息子をひとりの世界から現実に戻してあげることができます。

エニアグラムを紹介した親からは、よく「助かった」と喜びの声をいただきます。それは子どものことを理解できるからだけでなく、自分についてのたくさんの謎が解けるからです。自分の感じることが、自分のタイプのどのような真実に根ざしているのかを知ると、人はほっとするようです。

あるお母さんは、自分の怒りについて語ります。日々の生活の中で、腹を立てることが多く、自分はどうかしているのではないかと思う。怒ってばかりいる自分がいやになり、おかしくなりそうだと。

彼女は、タイプ8ではないかと思われます。タイプ8は、怒りを強く感じやすいタイプのひとつです。ですから、このお母さんが怒りを感じることが多いのは、ある意味、当然のことです。その気質に生まれたのですから。

そのシステムを理解した彼女は今、自分の怒りから子どもを守る手立てを見出し、実行し始めています。その取り組みとは、自分自身を「怒り」の感情から解放することです。不要な怒りは、子どもだけでなく、彼女自身をも傷つけるからです。

近い将来、きっと彼女はより穏やかに、自分と家族ひとりひとりを受けとめるようになるでしょう。

この本の使い方

この本で皆さんにご紹介する内容は、私のエニアグラムの先生であるドン・リチャード・リソとラス・ハドソンから学んだことを元にしています。また同時に、ハートフルコミュニケーションの考え方を融合させたものでもあります。

次のような方々の参考になればと思い、執筆しました。

・より深く自分を理解したい
・周りの人を受け入れられるようになりたい
・自分の感情をコントロールできるようになりたい
・人とより心地よく付き合えるようになりたい
・幸福感を高めたい
・子育てを楽しみたい
・自分を楽しみたい

この本を読んでくださる皆さんへ

この本を読んでくださる皆さんにお願いがあります。それは、この本を、ご自分を成長させる入り口にしていただきたいということです。

タイプがわかったら、それが結論ではありません。ご自身のタイプ、お子さんや家族の方のタイプがわかったら、そこから学びが始まります。自分磨きが始まるのです。家族ひとりひとりがより輝く取り組みが始められるのです。

「私はこのタイプだから」「あの子はタイプ○だから仕方がないわね」で終わらずに、そのタイプの本質的な輝きを生きるための取り組みを始めてください。

そして、ぜひエニアグラムを学ぶワークショップに参加してみてください。自分について学ぶのは、それはあなたという人の人生を解明することであり、同時によりよく、より幸せに充実を感じて生きていくために自分に目覚めることです。

ワークショップは、実際に生身の人たちから学ぶ機会でもあります。学びの場には、あなたと同じタイプの人たちがいます。彼らはあなたの鏡です。自分では気づかないことに、鏡を見て気づくというのはよくあることです。

また、そこにはあなたとは異なるタイプの人たちがいます。彼らは、あなたのお父さんやお母さんと同じタイプかもしれません。彼らの話を聞くと、なぜお父さんやお母さんがそうであったのかを知るきっかけになるでしょう。

そして、子どもやパートナーと同じタイプの人たちもいます。彼らが日常生活で、何を感じ、なぜそのように振る舞うのかなど、あなたはほかの参加者を通して、あなたと大切な人たちについて学ぶことができるのです。

第2章

エニアグラムとは何か？

エニアグラムとは何か？

エニアグラムのルーツは、はるか古代のギリシア哲学にさかのぼります。

「エニアグラム」という言葉は、ギリシア語で「9の図」という意味です。円と、円周上の9つの点と、その点同士を結ぶ直線からなる象徴図形を指します（左図参照）。

近代におけるエニアグラムは、1910年代、グルジェフという思想家によってもたらされました。彼は、この宇宙を、9種類の要素が相互依存的に組み合わさって成立しているものとして考え、そのシステムをエニアグラムの図形にそって説明しました。

1950年代になって、オスカー・イチャーソが、人の持って生まれた9種類の気質を、このエニアグラムに重ねて論じ、エニアグラム性格論が確立します。そののち、クラウディオ・ナランホという医師が、エニアグラムに肉づけする形で精神医学的分類を用いました。

以来、多くの心理学的・精神医学的な研究が加えられ、現在も発達し続けています。

エニアグラムの図

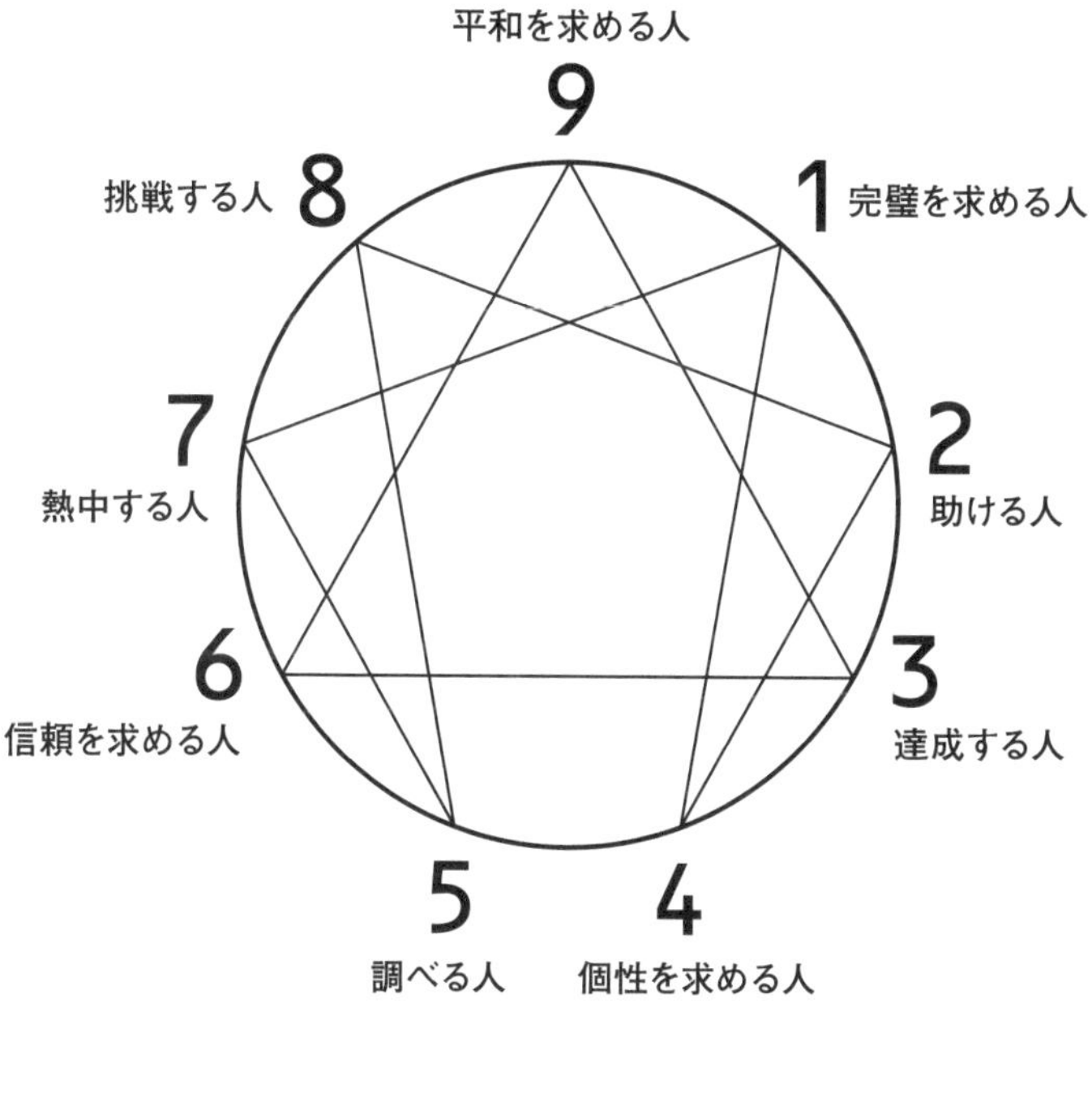
9
平和を求める人
1
完璧を求める人
2
助ける人
3
達成する人
4
個性を求める人
5
調べる人
6
信頼を求める人
7
熱中する人
8
挑戦する人

エニアグラムの9つのタイプ

まずここで簡単に、エニアグラムの9つのタイプを紹介しましょう。

これらのタイプの紹介文を読んだだけで、あなたは自分のタイプについて「これだ!」と確信するかもしれません。でも、決めつけてしまうのを避けて、ほかのタイプの傾向にもよく目を通していってください。

私たちの中には必ず、すべてのタイプの要素が隠れています。自分の中にある、ほかのタイプの要素を見つけることは、自分自身のタイプが何であるのか知るのと同じぐらい大切なことです。

タイプ8　挑戦する人

周りをコントロールしていたい、という欲求に動機づけられている人たちです。「力強くなくては」という意識が強く、挑戦を通じて自分の力を確かめます。サバサバしていて、リスクを恐れずに進んでいける人であると同時に、力を使いすぎるあまり、力ずくで人をしたがわせようとすることがあります。

タイプ９　平和を求める人

調和した世界で暮らしたい、という欲求に動機づけられている人たちです。「なんとかなる」という意識が強く、人の気持ちや意見に深く共感しながら、根気強く前向きなアプローチをします。穏やかで、情緒的に安定した人であると同時に、楽観的に見積もるあまり、問題を見過ごすことがあります。

タイプ１　完璧を求める人

正しく生きたい、という欲求に動機づけられている人たちです。「こうあるべき」という意識が強く、会社・家庭・社会をよくするために懸命に働く努力家です。実直で道徳的、理想を追求する誠実な人であると同時に、よくしようとするあまり、人の悪さを見つけて批判し、罰しようとすることがあります。

タイプ２　助ける人

誰かの助けになりたい、という欲求に動機づけられている人たちです。「何かしてあげたい」という意識が強く、自分と相手、人と人との間に、親密な関係を築こうとします。明るくて優しく、思いやり深い人であると同時に、「何かしてあげなきゃ」と思うあまり、押しつけがましくなることがあります。

タイプ３　達成する人

価値ある人間でありたい、という欲求に動機づけられている人たちです。「成功したい」という意識が強く、多くの物事を達成して、人からうらやまれるような人になろうとします。前向きで臨機応変、魅力的なリーダーであると同時に、よく見せようとするあまり、うわべだけを取り繕うことがあります。

タイプ４　個性を求める人

自分の気持ちを正直に味わい、非凡でありながら、周りに理解されたいという欲求に動機づけられている人たちです。「自分らしくありたい」という意識が強く、物事の本質的な美しさに気づき、深みを味わいます。豊かな感情と繊細な感性を持った人であると同時に、感情に流されるあまり、気まぐれだと思われることがあります。

タイプ５　調べる人

物事をよく知りたい、という欲求に動機づけられている人たちです。「完全に解明したい」という意識が強く、専門的な知識や技能を身につけ、完璧に準備しようとします。冷静で分析的な鋭い人であると同時に、自分の資源（時間やエネルギー）を守りたがるあまり、冷たく風変わりで、引きこもりがちになることがあります。

タイプ６　信頼を求める人

人の期待にこたえたい、という欲求に動機づけられている人たちです。「どうしたらいいんだろう?」とつねによりよい方向を見定めたいという意識が強く、家族や友人、会社の人たちなどの「仲間」と誠実に関わります。慎重で先を見通し、正しい方向を見出せる人であると同時に、リスクが見通せるあまり、不安が強く、混乱しやすい傾向があります。

タイプ7　熱中する人

喜びで満ち足りていたい、という欲求に動機づけられている人たちです。「どうやって楽しもうか」という意識が強く、明るく活動的で、自分や周囲の人の中に、喜びや明るさをもたらすことができます。多才で多作、器用な人であると同時に、いろいろなことができるあまり、ひとつのことを極めにくい傾向があります。

性格って何？

「あなたはどんな性格ですか？」と聞かれたら、どのように答えますか？

あなたは、自分の性格の好ましい部分について語るでしょう。同時に、好ましくない部分についても語るでしょう。そのような性格は、どのようにでき上がっていくのでしょうか。

世の中では、重大な罪を犯した人を取り上げて、この人はどんな育ち方をしたのだろうと話題にします。すばらしい業績をあげた人も同じで、どう育てればこんなすばらしい人になるのだろうと話題にします。

どうやら私たちは、人がつくられる過程には、その人が育てられる環境が大きな影響を及ぼすことを知っているようです。

ところが、多くの親が語るように、同じ環境で同じように育てても、上の子と下の子ではまったく性格が異なるということがあります。それが、持って生まれた気質の違いです。私たちの性格は、生まれ持った「気質」に「環境」が影響を及ぼすことで、決まっていくようです。

私たちは生まれつきの気質により、それぞれ、知恵、愛、栄光などの、光り輝く部分を持っています。同時に私たちは、それをなくしてしまったらどうしようと恐れます。

本来、私たちの輝きは、傷つけたり、失ったりできるものではありません。生まれたときから私たちの中にあり、生きている限り輝き続けます。

ですが、私たちの心は、非常に傷つきやすいものです。ほんの小さな恐れによって、大きな傷を受けてしまいます。そんな私たちの心を、さまざまなストレスから守るため、私たちはみずから「鎧《よろい》」を身に着けます。

どのような鎧を着るか、その鎧がどのような働きをするかは、気質によってさまざまです。それぞれの気質ごとに独特の、ものの見方、感じやすい恐れ、ほしいもの、ついやってしまう「いつものあのやり方」などの傾向があります。

鎧が心を守るシステム

赤ちゃんというたとえを使い、鎧がどのようにして私たちの心を守るかを見ていきましょう。

たとえば、この赤ちゃんが、タイプ8の気質を持って生まれてきたとします。タイプ8の気質は、周りからコントロールされたり、他者の支配下に入ることを望みません。自分が状況をコントロールしたいという欲求を持っています。

この赤ちゃんが、オムツがぬれたと泣いたとします。赤ちゃんは不快で、ストレスを感じています。ですが、自分ではぬれたオムツをどうにかすることはできないので、お母さんに来てもらおうと泣くわけです。

しかし、忙しいお母さんは、いつでもすぐに駆けつけられるわけではありません。洗濯物を干してから、揚げ物が終わってから、そんなことはいくらでもあります。

お母さんがすぐに駆けつけてこないと、赤ちゃんはさらにストレスを感じます。すると、タイプ8の鎧が、自動的な反応を始めます。「お母さんをコントロールして、来てもらうために、もっと力を入れて泣こう」と。

さんざん泣いているうちに、ようやくお母さんが来てオムツを替えてくれ、おっぱいをくれました。赤ちゃんは、力を使えば物事がコントロールできて、ほしいものが手に入ることを学びます。そして、もうこのレベルのストレスでは傷つかないよう、鎧を分厚く重くすることで、自分の心を守ろうとします。

ストレスの少ない比較的穏やかな環境で育てば、赤ちゃんを守る鎧は薄く、この赤ちゃんはそれほど力を使わなくてもすみます。性格は、より柔軟なものになります。

ところが、その環境が険しく、なかなかニーズが満たされない中では、赤ちゃんの鎧はとても厚くなり、赤ちゃんに力を使わせます。赤ちゃんが「どんなに力を使っても、ほしいものは手に入らないのではないか」と恐れるころには、この子は闘争的で強情な子どもに育っているかもしれません。

鎧が起こす自動的反応

私たちが着こんだ「鎧」は、気質ごとに異なる自動防御&反撃システムといえます。たとえば、あなたが「正しい」ということにこだわる気質であれば、鎧はあなたの心を勝手に動かし、「私は正しい、なぜならば……」と防御し、「あなたは間違っている、なぜならば……」と相手に反撃しようとします。

あなたの心を守ろうとするとき、鎧はたしかにある程度、役に立ちます。ですが、鎧は、判断力を持っているわけではありません。ストレスに反応して、自動的に「いつものあのやり方」をするだけです。

鎧が薄くて軽ければ、私たちは自由に動くことができます。ストレスに反応した鎧が、状況にそぐわない反撃を開始しようとしたときには、あなたは自分の意志でそれを止め、よりよい選択をすることができます。この、鎧が薄く、自分の意志で動ける状態を、「健全度が高い状態」であるといいます。

ですが、鎧が厚くて重ければ、私たちは自分の思うとおりには動けません。鎧は状況に合わない反撃を開始し、やがて、新しい問題を生み出します。この、鎧が厚く、自分の意志では動けない状態を、「健全度が低い状態」であるといいます。

そしてもっとも残念なことは、鎧が厚くなることによって、私たちが本来感じていられるはずの「気質の輝き」を見失ってしまうことです。

本来の輝きを感じている間、私たちは、「この心が私、この輝きが私」と感じていることができます。しかし、鎧が厚くなるほどに、「この鎧が私、『いつものあのやり方』が私」と誤解するようになるのです。

気質と健全度

よく、「年をとって性格がまるくなった」ということがあります。多くの場合、これは経験を重ねることによる成長の結果です。

自分の気質に気づき、鎧を薄くし、反撃をやめ、よりよい選択をする。多くの人が無意識に、このステップを踏んで成長しています。鎧を薄くし、より状況にそった選択をしたり、より素直に感じ、よりよい方法で人に気持ちを伝えたりすることを学んだ結果、自分の本質的な輝きを表現できるようになったということです。

一方、それと反対の人もいるかもしれません。あれほど幸せに輝いていた人が、苦労をしたせいか、人が変わったように輝きを失ってしまった。

その場合も、気質が変わったわけではありません。鎧が厚く、自動的な反応に振り回されているだけです。ストレスが強くなればなるほど、自力で鎧を外すのは困難になっていきます。

私たちは学ぶことができます。エニアグラムについて学び、自分の鎧が何をしているのかに気づけば、それは自分の健全度を上げる第一歩になるのです。

ハートフルコミュニケーションの提案

私たち親は、子どもが健全に育つことを望んでいます。子どもを健全に育てるために、親ができることは、子どもの気質の輝きをそのままに育てることです。

でも、どうやって？

まずは、子どものニーズを満たすことです。ハートフルコミュニケーションでは、子どもを健全に自立させるために「愛すること」を教えてくださいと提案しています。それはつまり、このことを指しています。子どものタイプが何であれ、基本的なニーズを満たされることは、健全さを生きる第一歩となります。

赤ちゃんのころのニーズは生理的なものと直結しています。おなかがすいた、暑い寒い、オムツがぬれた、具合が悪い、などがそれです。大きくなるにつれて、そこに心が何を感じるかが加わってきます。心を通わせたい、ひとりはいやだ、不安を解消したい、遊んでほしい、理解されたい――。そんな子どものニーズにこたえていくことが、子どもの性格の健全さを育てることになるのです。

つまりそれは、子どもの「不快」を「快」に変えていくことです。

ところが、私たち親は、いつでも完璧に子どもの面倒を見られるわけではありません。親には仕事があり、ほかにも子どもはいます。求められたからといって、すぐに子どものニーズを満たすことはできません。

でも、安心してください。完璧にはニーズを満たせなくても大丈夫です。親に愛されていると知っている子どもは、健全に育ちます。完璧に子どものニーズを満たすなどということはできなくても、いろいろ工夫をすれば、子どもは愛されていると感じて育ちます。

どんな子どもに対しても共通する「愛し方」については、前述の『子どもの心のコーチング』でお伝えしています。

それに加え、自分の気質の傾向を知り、自分の愛し方のくせを知ることと、子どもの気質の傾向を知り、子どもの愛の受け取り方のくせを知ることが、きっと役に立つことでしょう。

トマトはメロンになれない

私はエニアグラムを説明するとき、よく相田みつをさんの詩を引用します。

トマトがトマトであるかぎり
それはほんもの
トマトをメロンに見せようとするから
にせものとなる

（相田みつを・立原えりか『いのちのバトン』角川文庫）

誰でも、自分のあるがままを生きるのは矛盾がありません。自分の気質にそって生きればいいのです。自分を生きることがうまくなればなるほど、その人はひとりの人間としてもすばらしい輝きを放つようになります。

ところが、自分ではない人間を生きることを求められたら、それはつらいことです。トマトにメロンになることを求めるようなものです。

トマトは最高のトマトになることはできますが、メロンにはなれません。メロンがトマトになれないのと同じです。

あるがままを受け入れる

ゆっくりペースの子どもを、早く早くとせきたてて、挙げ句に「早くしないと置いていくわよ」と脅す瞬間、私たちはあるがままのその子を受け入れていません。

親がするべきことは、ゆっくりペースであることを認めること、ゆっくりであることで問題が起きないような仕組みをつくることです。

泥んこになって友達と外遊びしてくれるのが親の望みなのに、わが子はひとりで家の中で本を読んでいる。子どもらしくないからと、「本ばっかり読んでないで、外で遊んでらっしゃい」と子どもに言うとき、私たちはあるがままのその子を受け入れていません。

親がするべきことは、子どもを外に引きずり出すことではなく、外にどんなにすばらしいものがあるかを教えることです。図鑑の虫がどこにいるか、歴史上の人物が何をもたらしたか、恐竜はどれほどに大きいか、このお菓子はどのように作られているか、子どもと一緒に見に行くことです。

好奇心旺盛であれもこれもと楽しいことを求める子どもを、「落ち着きがない」と叱るとき、私たちはあるがままのその子を受け入れていません。

親がするべきことは、ひとつのことに打ちこむことのすばらしさを伝え、子どもが打ちこめるものを見つけられるまで、そばに寄り添って見守ることです。

いやなことがあるたびにすねて、自分の部屋に引っこんでしまう子どもに向かって、「すねたらなんとかなると思ったら、大きな間違いよ！」と叱るとき、私たちはあるがままのその子を受け入れていません。

親がするべきことは、傷ついた子どもを迎えに行き、抱きしめることです。そして、引っこむ必要がないことを、大きな愛で伝えることです。

私は、私として生まれてきました。それは、時にはつらいことでもあります。でも、私として生まれてきた喜びを見つけることができれば、私は、私をこの世に送り出した父や母、そして私がこの世に送り出した子どもを、もっと深く愛することができると信じます。

性格のより美しい面を引き出すために

私たち人間は、どんなにうまく育てられても、その人が持って生まれた気質にもとづいて、自分を守る鎧を形成し、その人の性格をつくり上げていきます。

「私がこんなになったのは、あの親のせいだ」とか、「私が悪いから、この子はこんなになってしまった」と訴える人がいますが、それは必ずしも本当ではありません。私たちの気質は、生まれつき決まっているのです。

もちろん、その気質にそってストレスのない環境で育てれば、人はより健全さを体験することができます。だから私たちは、子どもに対して、その気質にそって育てる見守りモードに意識を切り替える必要があるのです。

私のことは親のせい、子どものことは私のせいというのは、いずれにしても、生きることを受け身にとらえた結果です。自分の生き方も、子どもの幸福も、すべてはどうしようもないものだというあきらめにもとづいています。

親のせいにしたり、自分が悪いと自分を責めるかわりに、まずは自分のより大きな充実のために、学びの旅に出てみましょう。

エニアグラムを学ぶときに、あなたは頻繁にワクワク感を感じることでしょう。その探求は、驚きと喜び、あるいは苦しみからの解放をともなう、すばらしい心の旅です。

ですがどうか、自分のタイプを知るということをゴールにしないでください。

エニアグラムは私たちに、自分や子どもがどのような性格のシステムの中で生きているかを伝え、それをよりよく生きる道を教えてくれます。こんな性格だから仕方ないとあきらめるのではなく、その性格がどんな気質に根ざしているのかを学びましょう。そうすることで、子どもと自分の人生を、よりよいものへと磨き上げることができるのです。

第3章

あなたと子どものタイプを判定する

あなたと子どものタイプを判定する

まずは、あなたのタイプを見つけましょう。最初に、この第3章をすべてお読みください。読み進むうちに、各タイプの情報が整理されて、最終的に自分のタイプがわかると思います。

私たちは、それぞれ自分の持って生まれたタイプを見つけることができますが、同時にほかのタイプの要素も持っていて、日常的にそれらの側面を発揮しています。

ですから、第3章を読み進むうちに、どのタイプにおいても、「私もそう思うことがある」「私もそう行動することがある」と思うでしょう。そのひとつひとつ、一文一文にとらわれずに、各タイプをひとつの像としてとらえて、タイプ判定をしてください。

また、判定したあとも、「私はタイプ2」とか「私はタイプ6」と決めつけて終わることなく、その後の日常でご自分を観察してください。

【簡易タイプテスト】

次ページに、グループ①と②の、２つの文章グループがあります。

まずグループ①に含まれる文A・B・Cを読み、その中でもっとも自分の考え方や行動に近いと感じるものを選び、チェックしてください。

続いて、同じように、グループ②に含まれる文X・Y・Zを読み、その中でもっとも自分の考え方や行動に近いと感じるものを選び、チェックしてください。

選ぶときには、次のことに注意しましょう。

◎人生全体を通して見てください

私たちの行動は、生活の状況や、影響を受けている相手によって変わります。子どものころには親の影響が大きく、大人になれば社会的な役割の影響が大きくなります。ですが、タイプは一生変わることがありません。人生全体を通して見たとき、「幼いころから今まで、この傾向はずっとあるな」と思うものを選んでください。

◎３つの文章を比較して選んでください

文章のすべてが完全にあてはまるものを探そうとしないでください。３つの文章全体を比べて、細かい部分は違っても、全体として一番あてはまるものを選んでください。

グループ①

A. わたしは、ほしいものややりたいことがあるとき、じっと待っているタイプではない。自分から動き、主張して、自分の手でつかみ取ろうとする。周りの人と関わるときには、比較的、話の流れに影響を与えることが多い。

B. わたしは、おとなしい。人よりも多くの時間をひとりで物思いにふけることや考えごとをすることに費やす。周りの人と関わるときには、あまり自分から近づいていくことはなく、少し離れたところで様子を眺めている。

C. わたしは、こうあるべきという意識をはっきり持っている。責任感が強く、気を配るあまり、自分個人のことがおろそかになることもある。周りの人と関わるときにも、自分の役割を知っていて、それを意識しながら行動する。

〈グループ①の回答〉……□

グループ②

X. わたしは、物事は結局なんとかなるのだから大丈夫だ、と思う。楽観的な見積もりが裏目に出て対応が遅れることもあるが、いやなことばかり考えるより、明るい気持ちでいたほうがいい。

Y. わたしは、実際には、多くの人が思うよりずっと繊細だと感じる。警戒心が強く、マイナスの感情、あるいは本能的ないやな予感を、強くはっきりと感じる。つねに最悪の事態を視野に入れたい。

Z. わたしは、判断をするとき、感情に左右されたくないので、冷静かつ論理的であろうとする。冷淡だと非難されても、気持ちがどうかということと、問題をどう処理すべきかということは、分けて考えたい。

〈グループ②の回答〉……□

タイプの判定結果

		グループ②		
		X	Y	Z
グループ①	A	TYPE 7	TYPE 8	TYPE 3
	B	TYPE 9	TYPE 4	TYPE 5
	C	TYPE 2	TYPE 6	TYPE 1

３つのセンターについて

簡易タイプテストを行おうとしたとき、「グループ①はAだけど、②のほうはZかYのどちらかわからない」「グループ①はまったくわからない。グループ②はXではなさそうだ」などと迷ってしまう方もおられると思います。

そんなとき、タイプを見つけるヒントとなる「センター」という考え方について、説明したいと思います。

すべてのタイプは、「ガッツ（本能）」「ハート（フィーリング）」「ヘッド（思考）」のいずれかのセンターに属しており、それぞれ特有の傾向と雰囲気を持っています。３つのセンターの特徴に目を通して、あなたがどのセンターに属しているかを、タイプ判定の参考にしてください。

ガッツセンター（タイプ８、９、１）

存在感があります。問題が何で、自分がどうしたいのか、本能的にわかっています。

ストレスを受けると腹を立てやすい人たちです。飾らない素のままの自分を表します。他人に頼ったり、踏みこまれたりせず、自立していたいと思っています。

ほかのセンターの同じような体格の人と比べると、重心が低く、落ち着いた印象を与えます。タイプ8とタイプ1ははっきりと大きな、タイプ9はやや小さくて静かな、飾らない地声で話す傾向があります。

ハートセンター（タイプ2、3、4）

感情豊かです。物事をストーリーとしてとらえ、過去に原因や理由を求めます。ストレスを感じると、よくないことが起きるのは自分の存在意義が小さいから（「私がこんなだから」）だと感じがちです。

自分についてはっきりしたイメージを持っていて、人にイメージどおりの自分を見せ、イメージどおりの自分に近づこうとします。人からの関心に値するような、存在意義のある人間になりたいと思っています。

ほかのセンターの同じような体格の人と比べると、柔らかく、しっとりした印象を与えます。心のこもったトーンで話し、声の調子から気持ちを察することが比較的容易です。

センターの図

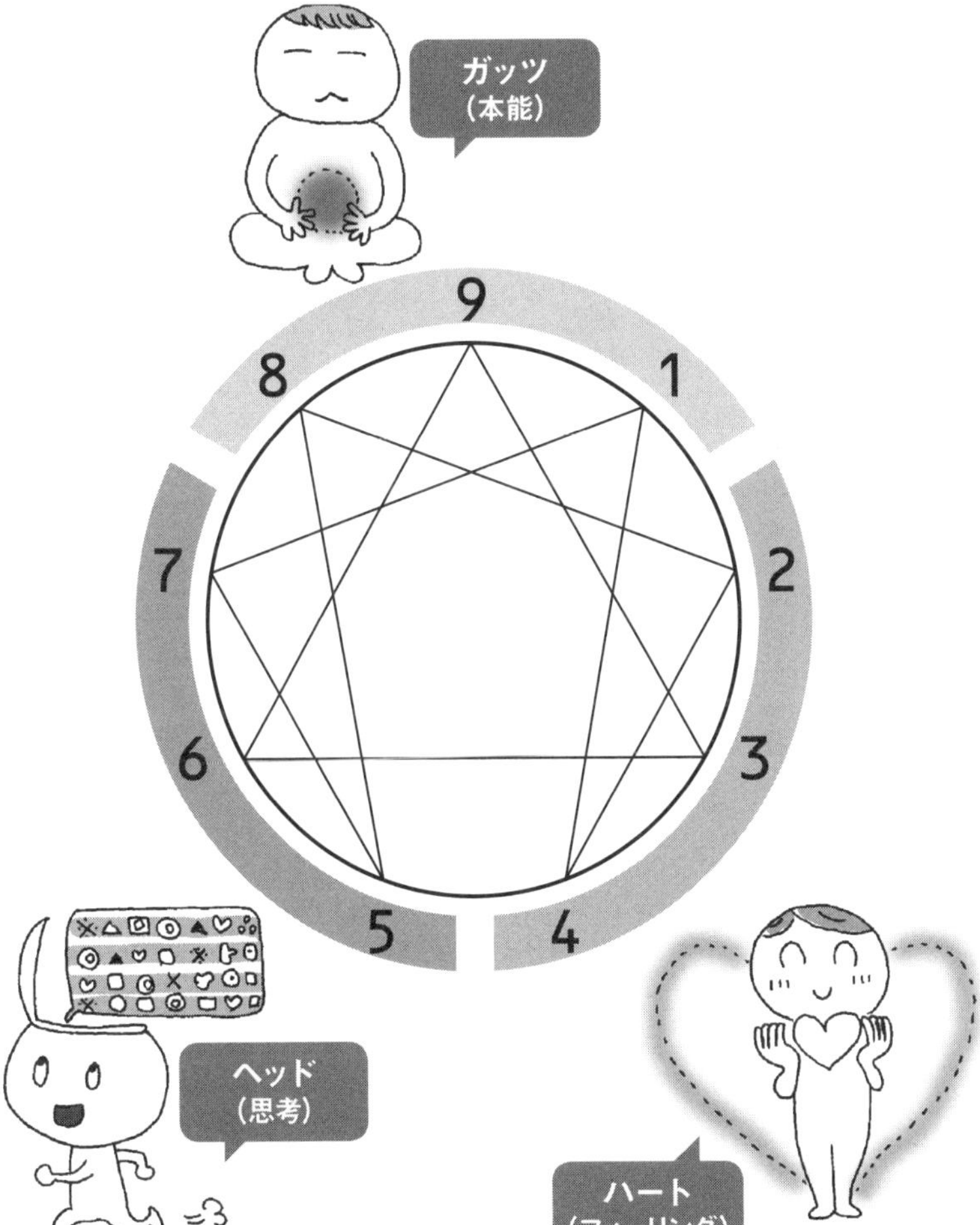
ガッツ
（本能）
9
1
8
2
7
3
6
4
5
ヘッド
（思考）
ハート
（フィーリング）

ヘッドセンター（タイプ5、6、7）

頭にエネルギーが集中しています。これから起きることに意識を向け、何が起こるかに期待したり、リスクを計算したりしています。ストレスを感じると、不安に駆られがちな人たちです。比較的、神経が興奮しやすく、つねに頭の中を考えが占めています。ほかのセンターの同じような体格の人と比べると、重心が高くて身軽そうな印象を与えます。素早くきびきびとしていて、頭の回転に合わせてしゃべったり、動いたりしているのが感じられ、「頭に住んでいる」ように見えます。

9つのタイプで解説すること

次の章では、9つのタイプについて、ガッツセンターから順に詳しく見ていきます。私たちのタイプは一生変わりませんが、私たちは誰でも、すべてのタイプの気質を備えています。特に両親など、私たちに強い影響を与えた人のタイプは、自分自身のタイプと同じぐらい、私たちの性格に影響を与えることがあります。

ですから、いくつかのタイプのことがよくわかって、どのタイプも自分のことのように思えることがあります。また、どのタイプも自分とは少し違うように見えて、自分はどのタイプでもないと思えることがあります。それでも、探求を続けていくうち、「これこそが自分のタイプだ」と思えるものに出会うでしょう。

それぞれのタイプについて、以下の項目を説明しています。

タイプ名称

タイプは、それぞれに個性的で、複雑なものです。ですから、先入観を持たないよう、タイプのことは数字で表すのが一般的です。

しかし、ここではわかりやすさを優先して、各タイプの特徴がもっともよく表れる部分を取り上げ、タイプの名称としました。これはあくまで、タイプ同士を比較したときの特徴であり、これがそのタイプのすべてではないことに注意してください。

気質の輝き

本来、それぞれのタイプが備え持つ、もっとも輝かしい資質です。それぞれの気質の輝きが、すでに自分の中にあると知ったとき、私たちは健全に生きることができます。

根源的な恐れ

私たちは、どのタイプであっても、生まれ持った輝きを失うことを恐れます。この恐れを「根源的な恐れ」と呼びます。私たちはこの恐れから身を守るため、鎧を着こむのです。私たちは、あらゆるタイプの根源的恐れを感じる可能性があります。しかし、自分のタイプの根源的な恐れだけは、一生を通してつねに私たちの無意識に影響を与えています。根源的な恐れがなくなることはありません。ですから、よりよく生きることを考えたとき、私たちがするべきことは、この根源的な恐れから目を背けたり、恐れを乗り越えたりすることではありません。自分の中の恐れに気づき、恐れが引き起こす自動的な反応に気づいて、恐れに縛られずに、自由に人生を選択していくことです。

根源的な欲求

「根源的な恐れ」を、できるだけよいやり方で避けたいと考えたとき、私たちが最初に抱く欲求です。どのタイプの根源的欲求も、それ自体は「満たすとすばらしいことがある」

という非常に肯定的なものです。

鎧の指針

各タイプの鎧がストレスに対処するときの方針であり、戦略です。指針そのものは悪いものではありませんが、それ以外の価値観を受け入れられなくなったり、その指針だけにしたがおうとして周りの状況に合わない選択をしてしまう、という危険があります。

基本的性格

各タイプの特徴を、それぞれ8つにまとめて説明しています。

分裂の方向

鎧の防御システムには、ストレス時に自動的に出る第一の反応（各タイプの反応）を出してもストレスがなくならないとき、すぐ健全度を落とさなくてもすむよう、第二の反応が備わっています。それが「分裂の方向」です。

図としてのエニアグラムは、必ず、すべての数字が2つの異なる数字につながるようにできています。下の図で、矢印が示すのが分裂の方向です。自分のタイプの戦略にしたがっても問題を解決できなかったとき、私たちは、分裂の方向のタイプの戦略を利用しようとします。

たとえば、通常レベルのタイプ8は、ストレスがかかったとき、「力を使って周りをコントロールしよう」と考えます。

ですが、力を使っても周りをコントロールできなかったり、周りをコントロールしても問題が解決しないとき、タイプ8には「健全度を下げてでも、もっと力を使う」という自動反応と同時に、「健全度はこのままで、同じくらいの健全度のタイプ5がしそうなことをする。つまり、一度撤退して作戦を練り、準備ができたら戻る」という別の反応が現れます。

これらは一見、鎧の自動的な反応から離れて、私たち自身が状況にそった判断をしたように見えるかもしれません。ですが、分裂の方向に逃げるという選択肢もまた、鎧に備わったシステムの一部なのです。

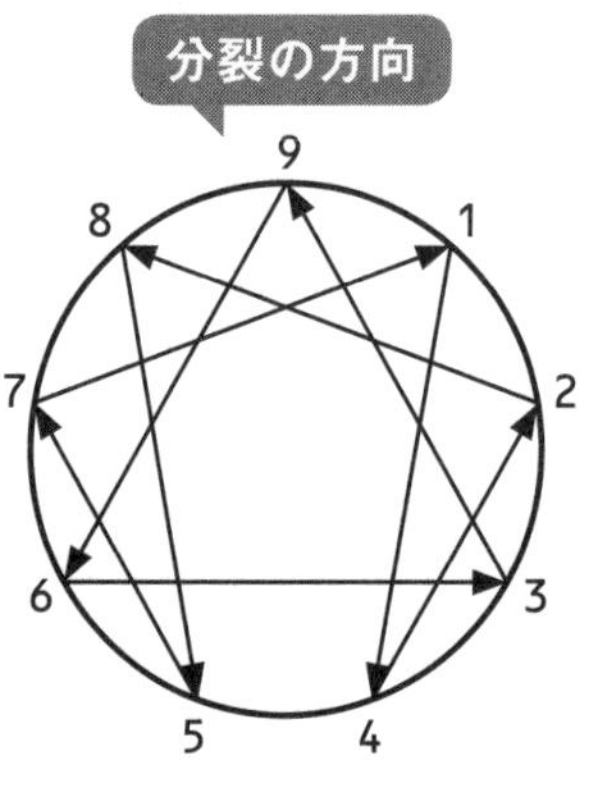

統合の方向

以下の図の方向を「統合の方向」といいます。統合の方向は、私たちにとって苦手な選択肢を持っているタイプです。

たとえばタイプ8は、心の奥では「健全なタイプ2のように、人を思いやれる人間になりたい」という気持ちを持っています。ですが、「自分にはうまくできそうにない」「自分はそういう性格ではない」「自分らしくない」などの苦手意識によって、統合の方向がしそうな選択を無意識に避けています。

この統合の方向を受け入れ、「私の中には、たしかにそういう部分もある」ということに気づいたとき、統合の方向の資質を受け入れ、自分の選択肢に加えることができたとき、私たちは自分の性格に対する思いこみをひとつ手放し、健全度を上げるための階段を登った、ということができます。

統合の方向と向き合うためには、明確な意図を持って状況を観察し、自分の性格にこだ

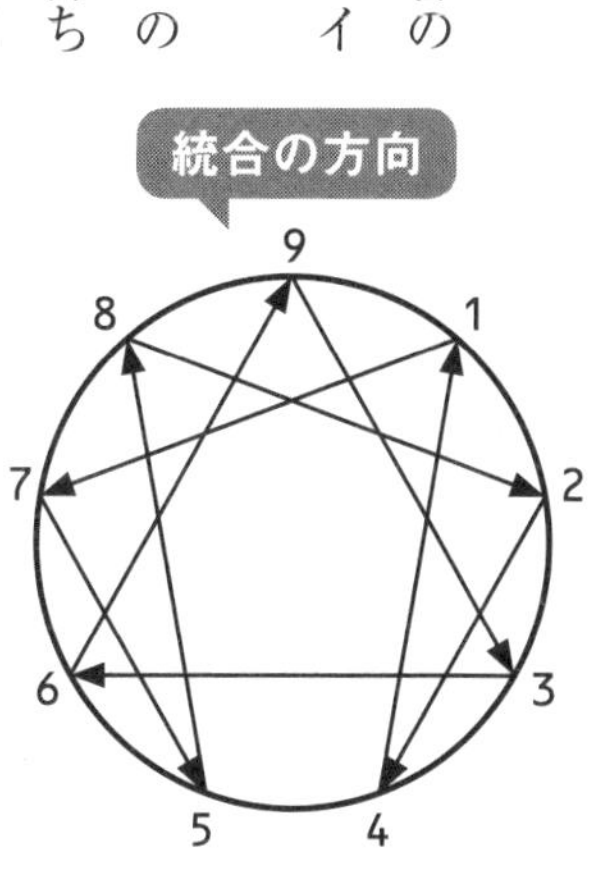

わらずに選択する必要があります。ただ単に統合の方向の人のまねをしても、いい結果が出るとは限りません。

ウイング

私たちのホームベースは、エニアグラムの図の円の上のどこか一点にあります。私たちのホームベースからもっとも近いタイプが、私たちのタイプです。そして、2番目に近いタイプが、その人の「ウイング」になります。

たとえば、タイプ8の人たちの中には、タイプ7に近いほうの人（タイプ8ウイング7）と、タイプ9に近いほうの人（タイプ8ウイング9）がいます。

ウイングがどの程度の重さを持っているかは、人によってさまざまです。ほとんどどちらのウイングかわからないほど、そのタイプの中心に近いところにホームベースを持っている人もいますし、どちらがタイプでどちらがウイングかわからないほど、2つのタイプのちょうど真ん中にホームベースを持っている人もいます。

同じタイプであっても、ウイングによって、まるで違うタイプであるかのように見えることがあります。ここでは、その違いについて説明しています。

健全度が下がるとき

健全度は、鎧の自動的な反応が強くなり、選択肢が減ることによって下がります。健全度が下がりつつあるとき、そのタイプに特有の気持ちと、問題が起こります。もし健全度が下がりつつあるとき、そのことに気づいてほかの選択肢を探すことができれば、私たちは健全度を上げるための階段をひとつ登ったということができます。

とらわれ

タイプ特有の落とし穴となる気持ちです。自動的な反応が起こっているとき、私たちはこの気持ちを感じています。この気持ちに「とらわれる」ことによって、私たちは鎧の自動的な反応に操られ、ほかの選択をすることができなくなってしまいます。

この気持ちにとらわれるのではなく、この気持ちを感じていることに気づくことで、私たちは新しい選択肢を手に入れることができます。

このタイプの人はこう語ります

それぞれのタイプの人たち自身が、自分のタイプについて、どういう体験をしているかを、箇条書きで説明しています。

このタイプの子育て

子育てをする中で、このタイプの持つ性質が、どのような長所・短所として表れるかを説明しています。

このタイプの子どもを健全に育てるために

子どもが、親や友達との関係の中で、このタイプの性質をどのように発揮するかを説明しています。また、親として心がけるべきことについても、ここで説明しています。

どのような愛情を受け取りやすいか

子どもに「愛すること」を教えるためには、子どもに愛を伝える必要があります。しかし、愛情表現はタイプによってさまざまです。各タイプがどのような愛情を受け取りやすいかについて、説明しています。

第4章

エニアグラムの9つのタイプ

TYPE

8

挑戦する人

気質の輝き	力
根源的欲求	強く、リアルで、生き生きとしていたい
根源的な恐れ	滅ぼされ、無力で、侵害されること
とらわれ	欲望
鎧の指針	強くて、場の主導権を握れば大丈夫

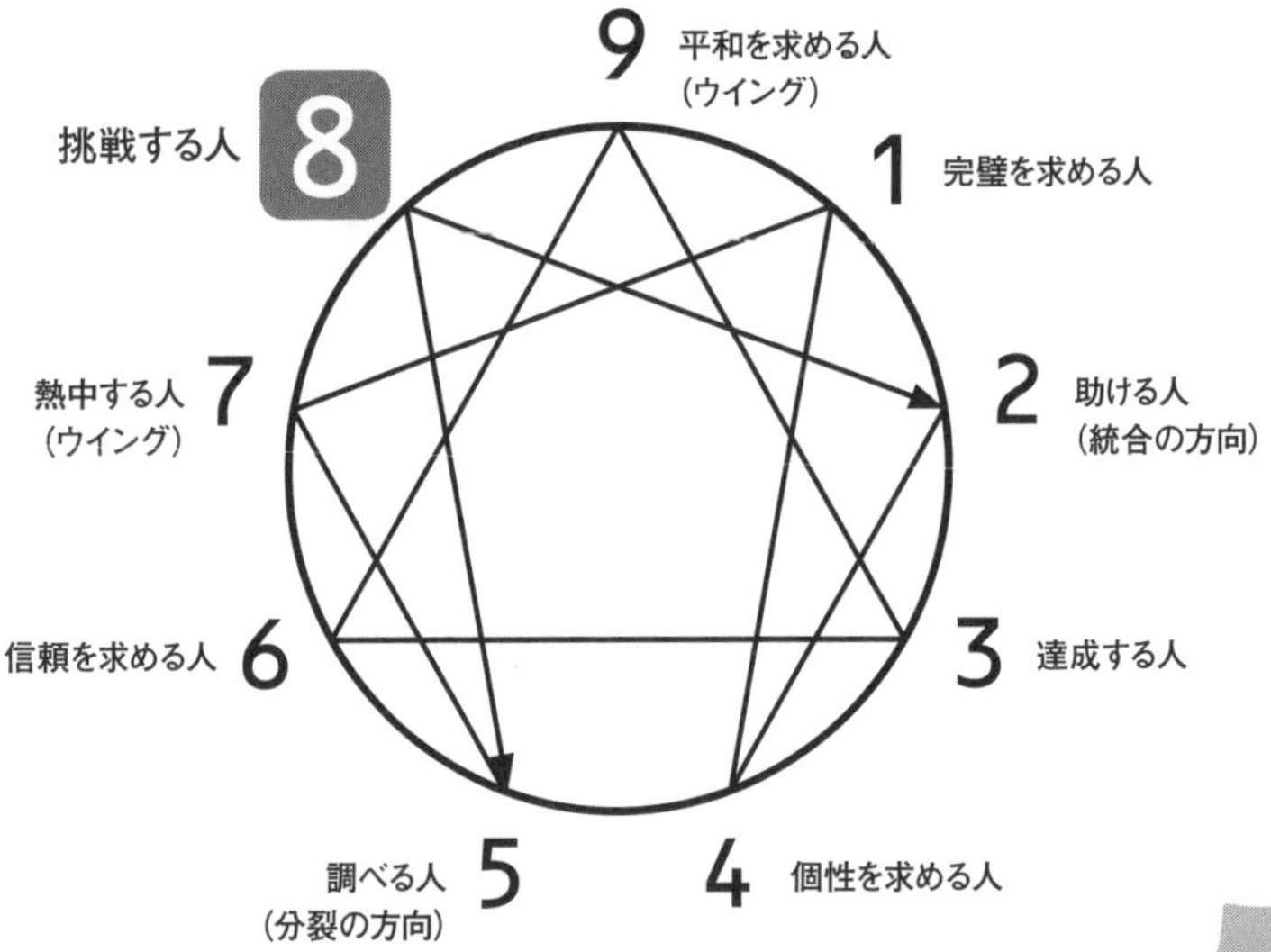

基本的性格

タイプ8は「挑戦する人」です。パワフルで自信のある、親分肌のタイプです。長所として、リスクを引き受けて挑戦できること、愛するものを守ろうとする強さなどがあげられます。

短所として、けんか腰になったり、力ずくになったりしがちなこと、敵とみなしたものに対する容赦のなさなどがあげられます。

コントロールしたい

タイプ8は「力」を求めます。この「力」とは、物事をコントロールできる力のことです。自分に裁量と決定権があり、自分の行動次第で物事を動かすことができるとき、タイプ8は「自分には力がある」と実感できます。

タイプ8は親分肌タイプですが、この「コントロールしたい」欲求は、集団の中でだけ発揮されるものではありません。たとえば、体調管理やダイエットによって自分の状態をコントロールしたい、という思いに表れると、「自分に厳しい人」という印象を与えます。

堂々としていて、一目置かれる

堂々としていて、はっきりと自己主張でき、相手にもそれを求めます。

集団の中では一目置かれる位置にいて、怖がられることも多々あります。本来、人を怖がらせたいわけではないのですが、なめられたり、見くびられるくらいなら、怖がられるほうがましだ、とも思います。

反対に、「最初はちょっと軽く見せておいて、ここぞという場面でコントロールしよう」という戦略をとるケースもあるようです。

手応えがほしい

機嫌が悪いわけでもないのに、ドアを閉めるとき、瓶のふたを開けるとき、荷物を床に置くとき、力いっぱいやってしまうことがあります。閉めた！　開けた！　置いた！　という、たしかな手応えがほしいのです。

人に対しても同じで、ふにゃふにゃした反応ではなく、しっかりした手応えのある反応を求めて、強く押します。

また、非常に怒りっぽいタイプでもあります。「腹の底でふつふつ」ではなく、「カッとなる」怒りで、手応えを求めるように強烈に怒ります。冷めるのも比較的早く、一度許したことについてはきれいさっぱり忘れますが、これらの態度が周囲から怖がられる一因になっています。

自立を求める

独立心が強く、経済的・精神的な自立にこだわります。

悩みごとがあっても、人に相談することはあまりありません。自分で悩み、解決してから、こんなことがあったよと話すぐらいです。それでも人からは頼りにされて、何かと相談を受けます。

頼られることはうれしいのですが、度を越えてあてにされたり、相手が他力本願だと感じると、「自分で解決しなさい」と突き放します。自分の力を人のために使うのは大好きですが、都合よく利用されることは嫌います。そのため、へつらわれることには警戒します。

守るために戦う

命がけで愛するものを守ることにあこがれます。タイプ8自身が社会的には守られるべき女性や子ども、老人であっても、ヒーローになりたい、大切なもののために命がけで戦いたいという気持ちを、はっきりと持ちます。そして、家族や友人、部下や子どもなどの「守るべき人」を守ろうとします。

また、仲間に対しては気前がよく、惜しみなく振る舞います。

挑戦が好き

難しいことに挑むのが好きです。挑戦を通じて、自分の力を感じることができるからです。「前例がない」「できるかわからない」と言われてもおじけづくことはなく、「ほかの人にはできない」「これができたら本当にすごい」となると、やる気に火がつきます。

また、人の挑戦をサポートするのも好きです。相手を信じてまかせ、「責任はとってあ

げるから、思うとおりにやっておいで」と言って挑戦させます。基本的に手出しはしませんが、ここぞというときにはあれこれと手を尽くし、強力にバックアップします。

疎外感

あまりなじみのないコミュニティにまぎれこんだときや、場の盛り上がりに乗りきれなかったとき、「私以外はみんな仲良しなんだな」「私以外はみんな楽しそうだな」と疎外感を抱くことがあります。単なる寂しさではなく、自分が場を掌握できないことから生まれる無力感でもあります。

タイプ8は、堂々とした態度から想像されるよりも、ずっと警戒心が強く繊細です。自分がコントロールしていない場においては、「自分は歓迎されないかもしれない」という緊張感を持っています。

人を物扱いする

ストレスがかかっているとき、タイプ8は目の前にいる人を、障害物または駒、というように物扱いしてしまうことがあります。

相手の意志を確認せずに命令して動かしたり、邪魔だからどかすというような態度をとったりして、「人の気持ちを考えない」と非難されることがあります。

分裂の方向＝タイプ5
※ストレスがかかると現れやすい要素

タイプ8は、基本的には力強く、決断力があって、状況が困難になるほど立ち向かう気持ちも強くなるタイプです。ところが、たまに、「押してダメなら様子を見るしかない」と言って、すんなり引き下がることがあります。

また、基本的には「やってみなければわからない」と考えるタイプですが、分裂の方向の能力を発揮しているときは、何が起きているのかを冷静に分析し、過去の経験やそのほかの情報から慎重に作戦を練り、綿密に準備することができます。

統合の方向＝タイプ2
※自分らしくないが、受け入れると成長につながる要素

タイプ8は、基本的には自分にも他人にも自立を求め、愛するがゆえの厳しさを強く押

し出すタイプです。距離を置いて厳しく接することでこそ、相手の力を引き出すことができると考えています。

統合の方向であるタイプ2の要素を受け入れたタイプ8は、寄り添ってともに歩む愛情を選択することができます。「気持ち」を一緒に体験し、抱きとめて愛を注ぐことをためらわず、また、そのように振る舞っても、お互いの自立が揺らがないことを知っています。

ウイング

タイプ8ウイング7（7寄りのタイプ8）

タイプ8の中でも、特に独立的で、冒険を好みます。より社交的で気前がよく、感情をはっきりと表します。いかにもエネルギッシュで、やり手の自信家に見えます。

タイプ8ウイング9（9寄りのタイプ8）

タイプ8の中でも、特に現実的で、やや物静かです。目的に向かって着実に進みます。相手のエネルギーに敏感に反応し、物事を裏から静かにコントロールします。

健全度が下がるとき

タイプ8の根源的な恐れは「滅ぼされ、無力で、侵害されること」です。ストレスが高まると、自分が無力になることを恐れ、鎧の指針にしたがって、「強くて、場の主導権を握れば大丈夫」と、主導権を握ることで事態を解決しようとします。

人に踏みこまれたり、軽く見られたりするようなことがないように、力を使います。自分に力があることを証明するために、人に命令し、人を駒のように動かします。あるいは、人に言うことを聞かせるために、気前のいい約束をしたりします。

また、攻撃されたと感じると、反射的にけんか腰になり、人を限界まで追い詰めてしまいます。

とらわれ

タイプ8のとらわれやすい感情は「欲望」です。自分が強く、自立していると感じたい、生きていることを実感したいという欲望にとらわれます。そのため、何にでも手応えを求めます。その結果、刺激のある、強烈な物事にとらわれてしまいます。

人間関係においても、その強烈さは現れます。手応えを感じようと、タイプ８は相手を押します。それが、関係において抵抗を生むことになってしまいます。

ストレスのかかる状況では、人と自分に押し進むことを求め、挑戦による勝利を手に入れにいきます。ほかのタイプに比べてそれほど命を顧みない傾向があり、何かと命がけでやりたがります。

タイプ8の人はこう語ります

●大切なものは、命に代えても守ろうと思います。小学生のとき、弟がいじめられたことがありました。弟の教室の教壇に立ち、「私の目の黒いうちは手を出させない！」と宣言したことがあります。

●学生時代、友人が親からいかにお金を引き出すかを考えているとき、私は反対に、いかに仕送りを減らせるかを考えました。たとえ相手が親でも、経済的に頼るのは好きではありません。

●愛とは、守り守られることであると思っています。子どものころから、親に対してさえ、守ってあげたいと思いました。その親が私を叱りつけるようなことがあると、親とも戦いました。

●相手に牛耳られるのが嫌いです。仕事で気に入らないことがあったとき、責任を持ってきちんとやり遂げ、なおかつ一銭も受け取らないということがありました。それは、相手にコントロールされていないことを示すためです。

●周りの人間が育つのを見るのが好きです。どんな援助も惜しみません。それは、必要以上に手を出すことではなく、傷ついているときも静かに見守るやり方です。傷つくのは仕方がない、傷ついてもいいから這い上がっておいで、と心の中で思っています。

●利用されたとか、いい加減に扱われたと思うと、仕返しがしたくなります。実際に、仕返しをすることもあります。一番いい仕返しは、相手の歯が立たないほどのいい仕事をすることです。

●人を人とも思わない、と言われたことがあります。人のものを勝手に使うとか、食事中、友人がおいしそうなものを食べていると、「一口もらっていい？」と言って、返事を聞く前に手を出してしまうことがあります。

●仕事で大きな何かを成し遂げるのが好きです。チームを組んで、ひとりひとりが成長しながら大きなものをつくり上げていくのが好きです。でき上がったとき、ひとりひとりの顔に浮かぶ満足感を見るのが好きです。

●言葉にはしないように注意しますが、よく心の中で悪態をつきます。たとえば、若い店員が友達に対するような口のきき方をすると、「あんたと友達になった覚えはないよ！」と。

●疎外されていると感じることがあります。はじめての人の中に入っていったり、出遅れたりすると、心から参加できません。素直に「遅れたけど来ました」と言えばいいのにと思うのですが、かわるがわるみんなに誘われても、もう居場所を見つけられない。きっと、周りの人に一目置かれて、影響力を持てる場所にいたいのでしょう。そう思えないところでは蚊帳《かや》の外と感じます。

タイプ8の子育て

親の役割に忠実で、親身になって子どもの面倒を見ます。

健全なタイプ8は、子どもを自立させる、ほどよい加減を知っています。そもそも、子どもにも自立を求めるタイプですから、子どもの人生を大局的にとらえ、余計な手出しをしないように、子どもの自立を見守ります。必要以上に守ることはせず、子どもが自分の力で学び取っていく環境をつくります。

反面、子どもの弱く頼りない部分を受け入れがたく感じ、自分のようにタフであることを期待することがあります。手応えを求めるタイプ8は、子どもに強くはっきりものを言うこと、白黒はっきりした意思表示をすることなどを求める姿勢が高じて、虐待まがいの行動に出る恐れがあります。

タイプ8の子どもを健全に育てるために

タイプ8の子どもに何かを伝えたいと思ったら、はっきりとした態度できっぱりと伝えることが大切です。タイプ8の子どもは、リアルにいろいろなことを体験したいと思っています。親のほうがあいまいにいい加減にすると、子どもは不信感を持つかもしれません。タイプ8は、強く、生き生きしていたい、そして周りをコントロールしていたいという欲求を持っています。友達との間でも、それで問題を起こすことがあるかもしれません。親さえも、その対象です。

なるべく幼いうちに、親をコントロールできる体験をさせてください。つまり、子どものその欲求を受け入れることです。親を実験台に、それほど力を使わなくても、人生はコントロールできることを学び、健全に生きることを学びます。

反対にその欲求を抑えつけようとすることは、子どものもっと力を使おうとする鎧の攻撃システムを刺激することになります。

人に頼らず、意志の強い様子の奥に、猜疑《さいぎ》心と周りから裏切られることへの恐れを隠し持っています。親が約束を守れないときなど、そのことを軽く扱わずに、なぜそうなのかをきちんと説明して、どうでもいいと思っているわけではないことを伝えるようにしてください。

タイプ8は挑戦を楽しみます。大胆なその行動に、思春期以降は、親としては心配なときがあるかもしれませんが、挑戦の旅へと見送ってください。自分の意志で始めたことですから、その結果を受け止める勇気もあります。親に愛された分、親や家族を大切に思い、守ろうとします。

どのような愛情を受け取りやすいか

タイプ8は、ベタベタした愛情を好みません。タイプ8にとっての愛情は、守り守られることで表現されます。

ですから、タイプ8に素直に愛情を受け取ってもらいたいときには、まず、相手を守る意志を明確に示すことです。自分のほうが目上であれば、比較的容易でしょう。タイプ8の子どもや部下が何かに挑戦しようとしたら、受け止め、まかせて、見守りましょう。

タイプ8の親や上司に対しては、相手の期待にこたえ、相手の力になろうという「やる気」を、実際の行動で示すことです。

方法がわからなくてもとにかくやってみる、あたって砕けろという種類のガッツと、相手の助言に耳を傾けようという姿勢を持って臨めば、面倒見のいいタイプですから、向こうからコミュニケーションをとってくれるでしょう。

タイプ8は、乱暴に見えても、核には繊細で慎重な部分があります。タイプ8の相手が雑に接してきたように感じても、雑に扱ってはいけません。

TYPE

9

平和を求める人

気質の輝き	調和
根源的欲求	世界とのつながりと、心の平和を感じたい
根源的な恐れ	つながりを失うこと。心の安定を妨げられること
とらわれ	怠惰
錯の指針	周りの人に問題がなければ大丈夫

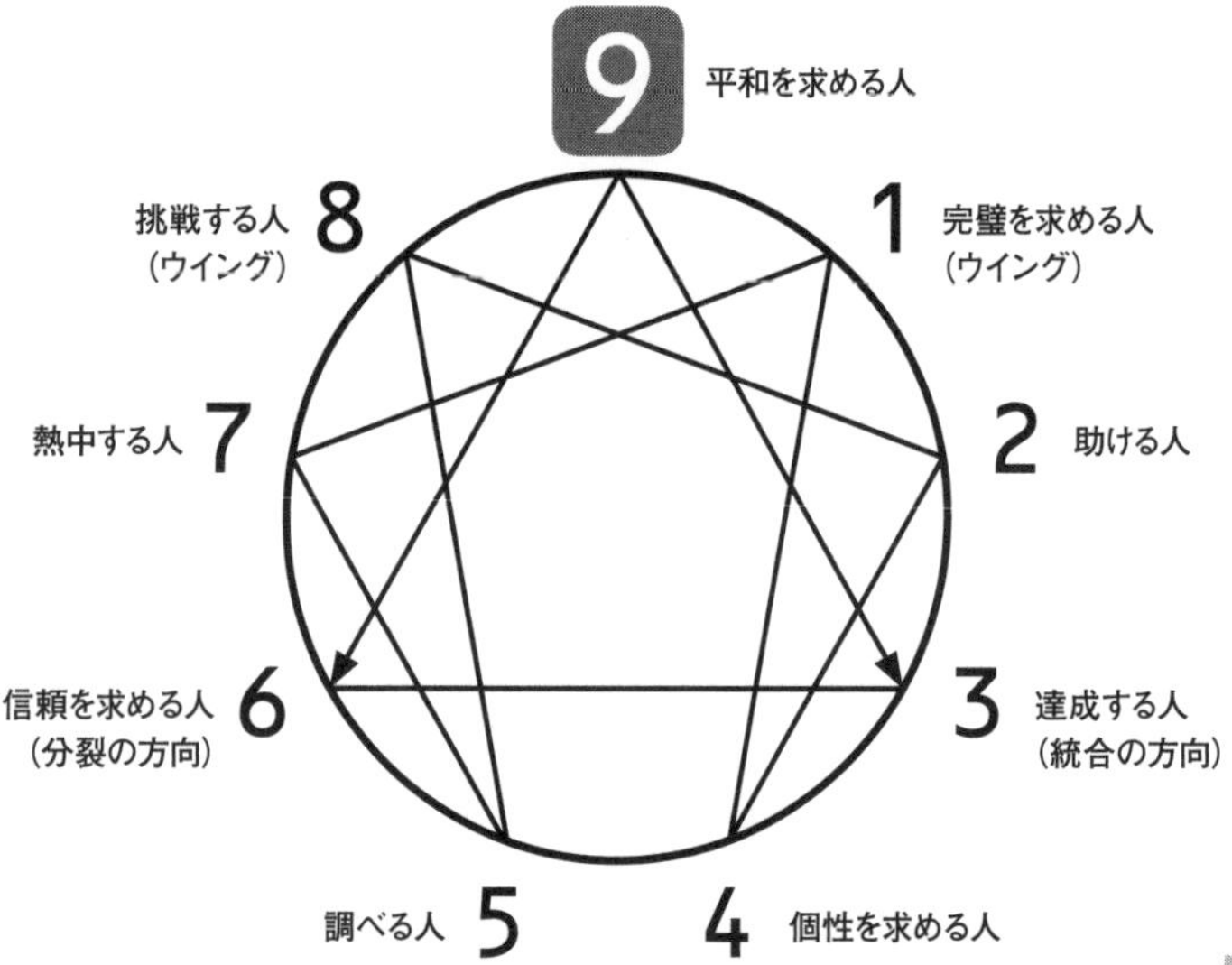

基本的性格

タイプ９は「平和を求める人」です。穏やかで落ち着きがあり、自分の中にも外の世界にも、調和した安定的な平和をつくり出すタイプです。

長所として、共感する能力が高いこと、どんなものでも受け入れられる懐の深さなどがあげられます。

短所として、問題を見過ごしてしまうこと、腰が重く、なかなか行動に移さないことなどがあげられます。

おっとり

スローペースでおおらか、鷹揚なタイプです。楽天的な性格で、明るく楽しいことを好みはしますが、せわしなく走り回ったり、興奮して騒いだりということは、あまり好みません。のんびりくつろいで、心穏やかにゆったり過ごせるとき、幸せを感じます。基本的には家の中、それもコタツの中などののんびりできる場所で、くつろいでいるのが好きです。

心や場の平和を乱さないために、あまりはっきりとした自己主張をしないので、おとなしい人という印象を与えがちです。白黒をはっきりつけたがらず、バランスのとれた、極端でない状態を好みます。

共感的、でも頑固

多くのものに共感する能力を持っていて、たいていのことであれば「わかる」「そうだね」「いいよね」という態度をとります。人との対立を避けて、できるだけ相手に合わせようとし、「それでいいよ」「どっちでもいいよ」というあいまいな態度をとり、時に自分の意見が持てなくなることもあります。

一方で、すでに決めたことや、こだわりのある譲れない領域に関しては、とても頑固です。「串団子なら、こしあんでも粒あんでも同じくらい好きだけど、ぼたもちだけは絶対にこしあんじゃないとダメ」などという、本人にしかわからないような細かい線引きがあります。

TYPE 9

感じがいい

非常に人当たりがよく、受容的で、よい印象を与えます。相手が話し終えるまで、口を挟まずにじっと待ち、人の話をよく聞きます。相手の立場や気持ちがよくわかり、つかず離れずの距離で気持ちに共感し、安定した態度で怒りや悲しみを受け止めることができます。そのためクレームなどを処理させると、とても上手に場をおさめます。

そのかわり、場を盛り上げたり、活気づけたりすることは、あまり得意ではありません。

怒りっぽい

穏やかな人ですが、怒りっぽくもあります。たとえば、自分が後回しにしたことについて周りが騒ぎ立て始めると、自分の平和が乱され、「何でもないようなことに腹を立てている人を見ると、すごく腹が立つ」ということになります。

ただし、どなり散らすという形で、怒りをあらわにするわけではありません。身近な人であれば、「ああ見えて結

構怒りっぽい」とわかるのですが、会社や学校のような公の場では、怒っている最中に「そういえば、あなたが怒っているのを見たことがない」と言われたりすることもあります。

後回しにする

楽観的で、大体のことはなんとかなる、問題にはならない、と考えます。また非常に腰が重く、新しく何かを始めるのも、習慣になっていることをやめるのも苦手です。

いつもどおりの暮らしと、平和な気持ちを乱すまいとするあまり、問題を過小評価したり、なかったことにすることがあります。手を打つのを後回しにし、「あとでやる」「まだ大丈夫」「たいしたことじゃない」と言って、問題を大きくしてしまいます。

くつろぎの場所がある

多くは家の中、どこか特定の場所に、居心地のいい、くつろぎのためのスペースを持っています。そこでひとりで過ごす時間が、タイプ9にとってはとても大切です。とりたてて何か活動するわけではなく、お茶を飲んだり、本を読んだり、何もせずにぼんやりしたりしてくつろぎます。

家の中だけでなく、車の中、公園のベンチや喫茶店に指定席を持っている場合もあります。一日の終わりにきちんとくつろぐ時間を持たないと、非常にせわしなく、いやな感じがして落ち着きません。

自然が好き

ある環境に同化してくつろぐことが好きで、多くの場合、自然が好き、自然を感じられると心地いい、と感じます。海、山、空気のきれいなところ、魚がいるところ、ひなたぼっこのできるところ。登山やダイビングを好むこともありますし、植物や動物を育てることで、自分の暮らしの中に自然をつくろうとすることもあります。

単独行動が好き

集団によくなじみ、場を調和させるので、団体行動には向いています。ただし、本人は団体行動があまり好きではありません。団体には葛藤があり、それらを調和させなければ

TYPE 9

ならないと感じるため、ひとりが一番楽で、くつろげるのです。

みんなといるのはそれなりに楽しいのですが、ひとりでくつろぐ時間がなくなるのは困る、と感じるようです。

分裂の方向＝タイプ6
※ストレスがかかると現れやすい要素

タイプ9は、基本的には「最終的にはなんとかなる」と楽観的にとらえ、「急がば回れ」といえる落ち着きを持っています。

ところが、たまに、「なんともならなかったらどうしよう」という漠然とした不安にとらわれ、もうダメかもしれない、という気持ちになることがあります。

また、基本的には問題を直視したがらず、見過ごしがちなタイプですが、分裂の方向の能力を発揮しているときは、あらゆるリスクによく気がつき、本当に安全だといえるよう対応することができます。

TYPE 9

統合の方向＝タイプ３

※自分らしくないが、受け入れると成長につながる要素

タイプ９は、基本的には現状を維持したがり、たとえそれが成長であっても、エネルギーの必要な変化は避けようとするタイプです。

統合の方向であるタイプ３の要素を受け入れたタイプ９は、自分の成長に投資することの重要性を理解しています。今何をすればもっと輝くかを知っていて、努力を惜しまず、変化を恐れません。

また、やるからには成功したいと考え、慎重さや、効率を求める意識を高め、自分や周囲の気持ちを積極的に奮い立たせて、何らかの成果を手に入れることができます。

ウイング

タイプ９ウイング８（８寄りの９タイプ）

タイプ９の中でも、特に人との関わりを好み、楽しい時間を求めます。まれに感情を爆

発させることがあります。より頑固になりがちで、譲りません。

タイプ9ウイング1（1寄りのタイプ9）

タイプ9の中でも、特に非言語的なアートや自然とのふれあいを求めます。気持ちを抑え、怒りも腹の底にためておきます。時に完全主義的で、厳格です。

健全度が下がるとき

タイプ9は、自分が世界と調和せず、つながりを失い、世界から切り離されて、心の平和を失うことを恐れます。そんなとき頼りになるのが、「周りの人に問題がなければ大丈夫」という鎧の指針です。それにしたがって、周囲の葛藤をおさめ、調和させよう、平和を保とうと努力します。そのため、周りに合わせて、自分のほしいものを主張しなくなります。

ところが、周りを「大丈夫」な状態にしておこうという思いにとらわれるほどに、問題を直視しなくなり、問題に対処できなくなります。そもそも問題がなかったことにすれば、自分の気持ちだけは平和なままでいられるからです。

身の回りで起きていることに反応せず、問題の火種を見過ごしていくうち、タイプ９はあらゆる積極性に対して頑固に抵抗する、無気力な人となってしまうのです。

とらわれ

タイプ９のとらわれやすい感情は「怠惰」です。これは怠け者という意味ではなく、内面的に深く心を動かされたくないという態度を意味します。

つまり自分が関わっていることに、精神的に、感情的に大きな刺激を受けたくないのです。日常の現実から受ける刺激と距離を置き、日々を安全なところで生きようとします。

タイプ９の怠惰は、自分にも他者にも、そして日常的な生活全般にあまり多くのエネルギーを使わないということです。

比較的健全なレベルでは、これはおっとりとした穏やかさとして現れますが、とらわれが深くなるほど、生き生きさを失います。

タイプ9の人はこう語ります

●クレームをおさめるのが得意です。相手が納得いくまで待てる、満足できるまで話を聞けるからだと思います。ほかの人は、相手の話を聞かずに自分の言い分を通そうとしたり、相手の怒りに対して言い訳したりするから、クレームを大きな問題にしてしまうのでしょう。言い訳をする必要があっても、相手が納得したあとにするようにします。

●家族や友人の間で議論が白熱すると、わかったからもう勘弁してくださいと思う。人々の争いに巻きこまれたくない。平和な状態を保ちたいので、レストランなどでほかの客がもめていると、腹が立ちます。

●自分の時間と空間を邪魔されるのがいやです。電話に出ないこともよくあります。誰もいない空間に自分がいるという時間が、1日1時間ぐらい必要です。

●いじめる人とも、いじめられる人とも仲良くできます。なぜだか、それでもどちらからも嫌われません。Ａにもいいね、Ｂにもいいねと言うとき、正直言うと、大差ないからどっちでもいいと思っています。

●息子は下校のとき、いつもひとりです。息子は平気らしいのですが、私は、彼が人から切り離されているように感じていやです。息子の周りに合わせない、うまくやろうとしない態度が私には理解できません。

●学校のチャイムに束縛される感じが嫌いでした。団体行動も団体競技も好きではありません。ひとりでこつこつと技を磨くほうが好きです。

●忘れ物をよくします。完璧に準備してあるのですが、結局、持って出るのを忘れて、途中で引き返したりします。せわしないときほど、忘れ物が多いような気がします。

●くつろぐ時間が必要です。仕事をしてそのまま眠る、ということはしたくありません。お茶を飲んだり、甘いものを食べたり、テレビを見たり、ゆったりお風呂に入ったりして、充分にくつろいでから、１日を終わりたいと思います。そのために眠る時間が減っても、忙しい気持ちのまま布団に入りたくはありません。

●登校拒否にはならないけど、定期的にずる休みをしていました。家でテレビを見たり、のんびり過ごします。１日休むと満足して、また元気に登校できます。

●ぼんやりしているとよく言われます。のんびりしすぎているとも言われます。息子から職場に電話がかかってきて、「お母さん、明日お弁当いるから、買い物して帰ってきたほうがいいよ」と言われるほどです。

●怒っていても、周りの人には「怒ったことないよね」と言われます。会社で、さんざん我慢し、ついに辞表をたたきつけて「やめます！」と言ったら、「どうしたの？　突然」と言われました。「よっぽど何かあった？」と聞かれましたが、私は前から怒っていました。

タイプ9の子育て

穏やかなタイプ9は、子育てにおいて、ぐいぐい引っ張ったり厳しくするのが苦手です。いつも誠実に優しく、辛抱強く子どもに寄り添います。

共感する能力が非常に高く、あらゆることを受け入れられる心の広さを持っているので、注意深く子どもを見守る

ことができます。

子どもが問題や悲しみを抱えて帰ってくるようなことがあっても、おろおろしたりせず、ゆったりした空気で子どもを包みこみ、時間をかけて話を聞くことで、穏やかな状態に導くことができます。

ところが、不健全になるにしたがって、子どもとの関わりを失い始めます。子どもの問題を軽視し、それによって問題を大きくしてしまいます。

「この子は大丈夫」と信頼することと、大丈夫と決めつけて放っておくことは違います。

タイプ9の子どもを健全に育てるために

タイプ9の子どもはペースが遅く、忘れ物が多いなどぼんやりしたところがあるので、はきはきとした気質の親を戸惑わせることがあります。

やる気を出させようと必死になってお尻をたたいても、ニコニコとどこ吹く風という態度なので、もっと踏みこむと、ある一線を越えたところで地雷を踏んだかのように爆発し、周囲の人を驚かせます。

TYPE 9

タイプ9を動かそうと思うときは、まずタイプ9の世界に入れてもらうつもりで、ゆったりと落ち着いた、穏やかな雰囲気で優しく接しましょう。共感することが得意ですから、「私ね、あなたが忘れ物をしないか、とても心配しているの」と自分の気持ちを素直に話せば、素直に受け入れてくれるでしょう。

また、タイプ9には体を使うのが得意な子どもが多く、運動だけでなく音楽や造形などの芸術の分野で才能を発揮することがあります。何かをこつこつと楽しんでいるのを見かけたら、近くに行って、見て、楽しみ、そして楽しませてくれたことを感謝してください。自分の才能で人を楽しませることができると知れば、自分の成長にエネルギーを投入するようになります。

どのような愛情を受け取りやすいか

タイプ9は、温かくのんびりした雰囲気があり、受容的なタイプですが、引っこみ思案なタイプでもあります。近くにいても、なんとなく少し離れた場所にいるような、独特の距離感があります。親しい間柄でも、家族であっても、その「なんとなく遠い感じ」がなくなることはありません。

共感する能力は高いので、素直に愛情を示せば、非常によく理解して、素直に受け取ってくれます。ただし、打てば響くように愛情を示し返してくれるとは限りません。本人としては、充分に示しているつもりでも、見た目にはあまり普段との違いがなく、わかりにくいのです。

タイプ9にとって、相手を自分の世界に受け入れること、物理的な場所を喜んで共有することは、明確な愛情表現です。

もし何か不満があれば態度に出ますから、わずかなサインを見逃すことがないよう、丁寧に観察を続けてください。一個の人間としての距離を忘れずに、タイプ9の世界に入れてもらうといいでしょう。

TYPE 1

完璧を求める人

気質の輝き	知恵
根源的欲求	善くあること。 理想に向かってベストを尽くしたい
根源的な恐れ	自分が理想から外れていること
とらわれ	怒り
鎧の指針	正しいことをすれば大丈夫

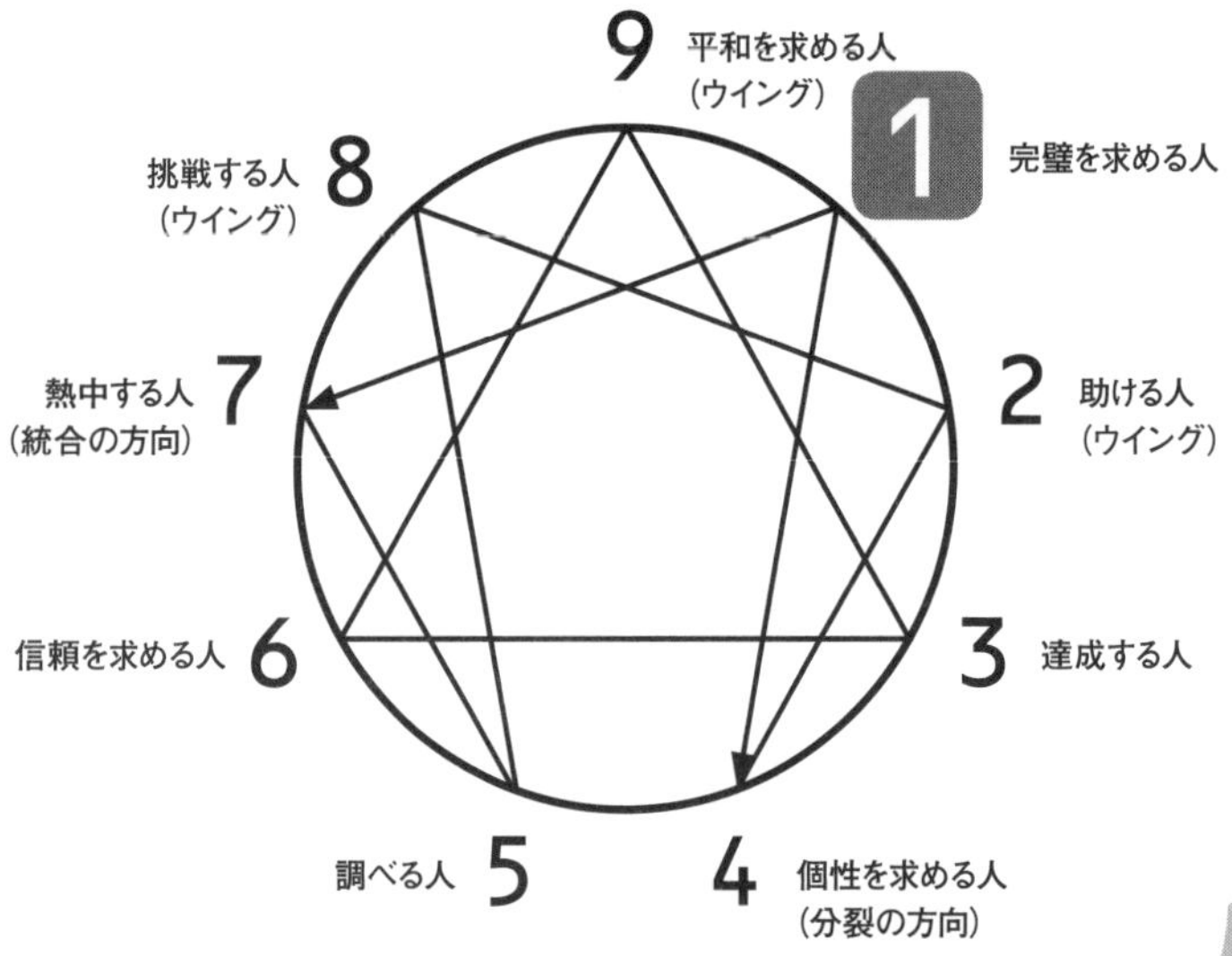

基本的性格

タイプ１は、「完璧を求める人」です。明確な「理想」を持っており、現実を理想と完璧に一致させることを求めるタイプです。

長所として、現実を理想に近づけるため、使命感を持って勤勉に努力する点などがあげられます。

短所として、現実と理想のギャップに対してイライラをつのらせたり、自分や他人が理想の姿から外れたときに、厳しく非難する点などがあげられます。

どうすればもっとよくなるかを見ている

はっきりとした目標や強い目的意識を持っており、どんなものでも、今よりもっと理想に近い状態にできる、今よりよくなると考えています。

最終的にどうすべきかという大きな目標だけでなく、この段階ではどこまでできているべきか、何をクリアすべきかというふうに、小さな目標についても明確にしようとします。

TYPE 1

因果関係を明らかにしたい

起きたことの因果関係を明らかにすることで、物事を改善する糸口がつかめると考えています。いろいろ調べたり、教えてもらったりして、新たな知識や情報を得ることを楽しみます。

また周囲の人にも、手助けのつもりで事態を整理しようと「なぜそうなの?」「どうしたらいいの?」と質問しますが、相手からは「詰問されている」「怒られている」などと怖がられる、ということが起きがちです。

論理的・具体的に考える

相手に説明を求めたとき、「なんとなく……」「それっぽいかなと思って……」というようなふわふわした返事では、何を言っているのか理解できず、満足できません。また、自分の行動については、ほとんどの場合、なぜそうしたのか、何のためにそうしたのかということを、論理的に説明することができます。

実際に行動する

改善点が把握できたら、実際に行動を起こします。他人や自分が「わかってはいるけど、なかなか実行できない」というような状況に陥ると、強いストレスを感じます。

自分の仕事と決めたものについては、不満を漏らすことなく黙々と取り組み、片付けます。

決め手は「腑《ふ》に落ちるかどうか」

「なぜ、そう感じるのか」を論理的に説明することもできますが、実際には自分の腑に落ちているかどうか、そうあるべきだと確信できるかどうかが基準になっています。こうするべきだという確信があるときは、相手の地位や肩書、自分との関係にとらわれず、きっぱりとした態度で臨みます。

相手の主張が腑に落ちない限り、情に訴えられようが、正論で説得されようが、気持ちが揺らぐことはありません。一方で、腑に落ちれば手のひらを返すこともあるので、筋こ

TYPE 1

そ通っているものの、いつも同じように行動するとは限りません。

まじめさと責任感の強さ

自分の仕事だと思ったときは、骨身を惜しまず働きます。非常に勤勉で、たくさんの仕事を引き受け、こなしていくので、「ブルドーザーのように働く」と言われるほどです。人の評価や達成感のためにというより、よりよい結果、よりよい生活、よりよい社会のためにできることがあるから、やるしかないと感じるのです。

責任感が強く、自分でもやるべきことをしますし、人にもそうあることを求めます。ですから、自分の許容量を超える仕事を引き受けるような、責任のとれないいい加減なことをすることはありません。

効率より品質

作業の効率よりは、仕上がるものの品質や、そこに至るまでの経過の充実を求めます。

たとえばテストのとき、範囲全体をよく理解して注意深く回答したうえでとった100点と、適当にヤマを張って運よくとれた100点とでは、天と地ほどの違いがあると感じます。

できるものは効率化したいと考えますが、そのために「こうあるべき」が犠牲になるようなことは許せません。

率直に言う

「言うべきことは何であれ、率直に言うのが建設的な態度だ」と考え、そのように振る舞い、他人にもそれを求めます。厳しい内容であってもはっきり言うので、遠慮がないと思われたり、場合によっては、あら探しばかりしている、文句ばかり言っているという印象を与えることがあります。

分裂の方向＝タイプ4
※ストレスがかかると現れやすい要素

タイプ1は、基本的には「自分に厳しく、他人に優しく」または「自分にも他人にも厳

TYPE 1

しく」というスタンスをとっています。

ところが、たまに、「私だけが、いつもちゃんとしているのだから」と言って、自分だけ勝手に締め切りを遅らせたり、誰もわかってくれないとすねたりして、周囲を慌てさせることがあります。

また、基本的には論理的思考を好み、感情の問題を扱うことは苦手ですが、分裂の方向の能力を発揮しているときは、時間をかけて感情を深く味わうことができます。

統合の方向＝タイプ7
※自分らしくないが、受け入れると成長につながる要素

タイプ1は、基本的には自己抑制的で、緊張感と堅苦しさのあるタイプです。まじめであるため、ついつい「楽しくやること」を軽視し、「面白さは必要ない」「ふざけるのはよくない」と考えがちです。

統合の方向であるタイプ7の要素を受け入れたタイプ1は、楽しさや喜びを自由に表現することができます。「遊び」の要素を喜んで取り入れ、「楽しめるのはいいことだ」「もっと楽しくするにはどうしたらいいか」ということを考えることができるようになります。

ウイング

タイプ1ウイング９（９寄りのタイプ１）

タイプ1の中でも、特に冷静です。おおらかで、あまりはっきり感情を示さず、怒りも皮肉などで遠回しに表現します。ストレスを感じると人を避け、ひとりで働きます。

タイプ1ウイング２（２寄りのタイプ１）

タイプ1の中でも、特に現実的で行動的です。理想を語り、感情を表現します。ストレスを感じると、ひとりの時間をとりつつ、人に対して自分の立場や考えを強く主張します。

健全度が下がるとき

そもそも自分自身がよくないのではないか、理想の、あるべき姿から外れているのではないかという恐れを持つタイプ1にとって、頼りになるのが、「正しいことをすれば大丈夫」

という、タイプ1にとっての鎧の指針です。それにしたがって、物事をよりよい方向に導こうと努力します。

ところが、正しくあろうとする思いにとらわれるほどに、周りとの摩擦が大きくなります。相手はそれほど正しいことを求めていなかったり、正しさの基準が異なるからです。

正しくあろうとするほど、自分にも人にも厳しさが増し、理想どおりには生きられない自分や周りを裁き始めるころ、タイプ1は厳しく理想を追い求める完璧主義者となってしまうのです。

とらわれ

タイプ1がとらわれやすい感情は「怒り」です。

物事を理想どおりに、完璧に成し遂げようとするタイプ1は、現実がそうならないことに怒りを感じます。自分の抱く理想や、善悪の基準に固執し、自分にも周りにも「〜あるべき」を求めます。「自分ばかりが働いていて、なぜほかの人は」と怒りにとらわれます。

ただし、本人は自分の怒りを認めようとしません。怒りを抑圧します。なぜなら、怒りは感情を爆発させることです。それはセルフコントロールを欠いた状態で、完璧ではない状態です。完璧ではない状態は、タイプ１の鎧の指針「正しいことをすれば大丈夫」に反することです。

タイプ１にとって、怒りを認め、抑圧したり正当化したりせず、オープンに語れる仲間を得ることは、大きな成長につながります。

タイプ1の人はこう語ります

●子どものころ、クラスの子がルールを破るのが許せず、先生に報告しました。先生が取り合ってくれないと、先生にも腹を立てました。

●「重要」とあるはがきの中身が重要じゃないと、ムカッときます。

●新聞や雑誌の表現の間違いが気になって、先に進めないときがあります。

●娘の友人たちと旅行して、二度と一緒に行かないと決めました。若い娘たちは宿に着いても荷物を整理することなく、お菓子を食べながらおしゃべりに興じます。部屋がだらしなく、落ち着かない思いをしました。

●ミスの多い同僚がいます。仕事を正確にするには、確認が必要です。給料を受け取る以上、ミスはよくないと考えるので、ミス防止を追求すべきだと思い、「なんで間違えるの？」と聞いたら泣かれてしまいました。

●ときどき、私ひとりが仕事をしていてほかの人は遊んでいるという怒りにとらわれます。

●始めた仕事を、充分にやったと感じるまで仕上げないと気がすみません。

●のんびりリラックスするには時間が足りないと感じ、のんびりしていてはいけないと感じることもあり、いつも何かしています。

●「なんとなく」「雰囲気で」という回答が苦手です。何が真相かを知りたいので、いろいろと質問をすると、厳しいとか怖いと言われ、戸惑います。

●ブランコに割りこむ子どもに「我慢しようね」と言う人がいますが、それがよくわかりません。それは「順番を守ろうね」と言うべきではないでしょうか。

●うそは苦手です。必要のない、わけのわからないうそは確認して、納得したいと思います。やりこめているつもりはないし、相手を追い詰めたり、いじめたりする気持ちはありません。ただ本当のことが知りたいのです。

●感情的な人たちと一緒にいると、感情にコントロールされて自分の言動が変わるのがいやで、ちょっと離れたところで付き合うようにしています。

●年老いた親に対して、ヘルパーのような気持ちで接しています。だから、いい関係が維持できているとも思いますが、時には冷たいのかなとも思います。

●自分はクレーマーだと思います。相手がごまかすような態度をとると、我慢ができません。留守中に妻が、納得しないままに保険に勧誘されてしまいました。すぐに電話をして責任者を呼び、謝らせ、謝罪文を書かせました。

●近くに住む親に運転手として必要とされるなど、目的が明確な要求にはこたえやすいのですが、あいまいな要求にはどうすればこたえられるかがわからないので、戸惑います。母親の愚痴を聞き続けるのも苦手で、誰かの悪口を言ったあとに、その人と仲良くしているのを見ると困惑します。

TYPE 1

タイプ1の子育て

健全なタイプ1は、自分の中に「親のあるべき理想の姿」を思い描いて、子どもにとってのよき理解者でいようと心がけます。子どもをあるがままに受け止め、よりよく理解したいと子どもの話に耳を傾けます。

何かの役に立とうと努力する、良心的で理性的なタイプ1の生活態度は、子どものよい手本となります。

物事が整然と進んでいるときは、必要以上に子どもの内面的なことに入りこもうとはしないので、子どもは自由にのびのびと自分を楽しむことができます。

一方で、健全度が下がるにしたがって、「理想の子どものあるべき姿」に焦点をあて、子どもに「～あるべき」「～するべき」を求め始めます。まじめに真剣に取り組もうとしない子どもに怒りを感じ、「これでよし」と思えるところまで、妥協することなく取り組

ませます。

「子どもが予定外の行動をして帰宅すると、『災害時に連絡がとれなかったらどうするのか』とクレームを言います。大げさなのは頭では理解しているのですが、そこはどうしても譲れません。心配というだけでなく　共同生活者としての務めと思っているからです。

宿題や勉強に関しては、基本的にまかせているにもかかわらず、宿題を提出していないとわかったときは、全部仕上げるまでやらせます」

タイプ1の子どもを健全に育てるために

タイプ1の子どもは、善くあろうとし、理想に向かってベストを尽くしたいと思っています。彼らはまじめです。真剣にきちんとやりたいと思っています。そんな子どもの真剣さを軽く受け止めないようにしましょう。また、そんな生まじめさをからかったりしないように気をつけてください。

すでに善くあろうとしている子どもに、口うるさく指摘するのは逆効果です。タイプ1の子どもは指摘を受けるほどに、「より善くあらねば」と自分に求め、緊張を高めます。「きちんとしなくちゃダメよ」「間違えると大変よ」などという声かけは、もともときちんとやりたいタイプ1の子にとって、足かせとなります。

とはいえ、「適当にやっておけばいいのよ」は、かえって子どもを不安にし、親に対する信頼を失わせます。タイプ1の子どもに要領のよさは求めないでください。一生懸命やろうとする態度を認めてください。

親の言動が、気分によってころころ変わるというのも、タイプ1の子どもを混乱させます。さっきまで悪口を言っていた人とあたかも親しそうに話す、などということがそれにあたります。子どもに対しては一貫性のある態度を見せていきましょう。

親がどっしりと構えて、よいことはよい、悪いことは悪いと見せていくと、子どもは安心してリラックスします。親を信頼しても大丈夫だと思うのです。

幼いうちから、その存在を喜び、「頑張ってるね」「よくやっているね」とあるがままの善きものとして受け入れましょう。そのまじめさや厳しさを笑ったり、かわいくないなどと言ったりしないでください。子どもらしくないと、からかわないでください。

自分自身が善きものであることを知れば、もっとよくするために自分を含め周りを裁くことは必要がないと学びます。

どのような愛情を受け取りやすいか

タイプ1には、完璧かダメか、という極端な考え方をする部分があります。また、過去の失敗を理由として、自分の「完璧でなさ」に腹を立てたりします。ですから、タイプ1に、「どんなあなたも全部好き」ということを伝えようとして、「間違うことはあるけれど、それでもあなたのことが好き」と言ってしまうと、「本当は間違いを指摘したいのだろう。素直にものを言わない人だ」と受け取られてしまうことがあります。

タイプ1に愛情を素直に受け取ってほしいときは、遠回しな言い方は避け、はっきり率直に言うことです。理屈っぽく見えることがありますが、「好きなものは好き」という感覚を理解する人たちですから、くどくどと説明する必要はありません。堂々とした声や表情で、確信を持って言い切りましょう。

そして、タイプ1のまじめさ、改善を追求する姿勢は、タイプ1にとって「善いもの」です。ですから「それがどんなふうにいいか」という評価ではなく、「それができるあなたはすばらしい」という敬意を示しましょう。

TYPE 1

TYPE 2

助ける人

気質の輝き	愛
根源的欲求	愛を感じ、愛そのものになりたい
根源的な恐れ	愛がないこと
とらわれ	プライド
錯の指針	愛され、その人たちと親しければ大丈夫

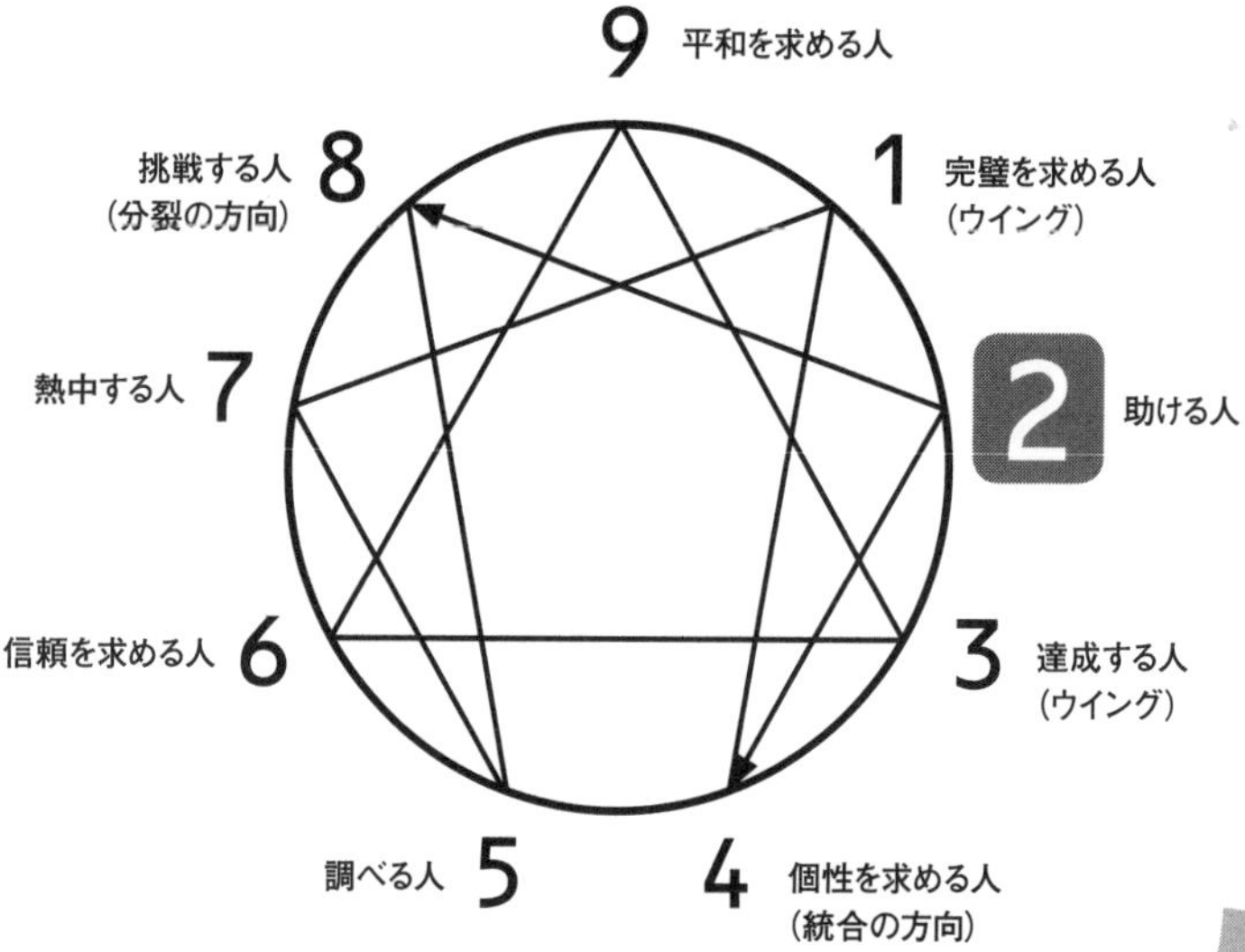

基本的性格

タイプ2は「助ける人」です。つねに人に気を配り、どうやって人の助けとなるかを気にかけているタイプです。

長所として、相手のために何かをしたいという心からの優しさ、自分のことを顧みないほどの深い愛情などがあげられます。

短所として、おせっかいであること、人の領域に踏みこみすぎることなどがあげられます。

人の力になりたい

対人関係を大切にし、人と密接に関わります。いつでも人のことを気にかけ、弱いものの助けになりたい、強いものの支えになりたいと感じています。また、人の力になれる自分に、大きな喜びを感じます。

必要とされたい

人から必要とされることがうれしく、求められるなら何でもしてあげようと思います。相手のニーズを敏感に感じ取り、それを満たすために行動を起こし、献身的に尽くします。相手に対する気配りから、こうすれば喜ぶだろう、こういう助けが必要だろうと心を砕いているのに、相手からは「余計なお世話だ」と思われたり、感謝してもらえないこともあります。

ひとりで抱えこむ

「してあげたい」という思い以上に「してあげなきゃ」と感じる場合があり、元来好意で行うようなことについて、自分の背中にのしかかる責任の重さに辟易《へきえき》しながら、つい新しい仕事を抱えこむことがあります。

さらに、自分から人にものを頼むのは苦手なので、たくさんの仕事をひとりで抱えこむことになってしまいます。「私は、してあげる人。あなたは、してもらう人」という感覚があります。

人とつながっていたい

人とのつながりを大切にするため、近所の人や行きつけのお店の店員さんなど、いろいろな人と仲良くなります。誰にでも気さくに声をかけ、温かく親しげな態度で接します。人間関係に重きを置くため、悩みを抱えることも少なくありません。たとえば、友達同士の集まりに呼ばれなかったとき、「まあ、そういうこともある」と軽くは流せず、深く傷つきます。

人と人とをつなぐ

友達同士をつないで新しい友達の輪をつくることをとても喜びます。自分自身がたくさんの人とつながっていて、そこで新しい関係をつくり出すことは、大きなやりがいを感じるポイントです。

タイプ２はそのつながりの交差点、中心の位置に自分を置きます。いつも周りの人々の中心にいて、人をつなげる

TYPE 2

役割でいたいのです。ですから時に、自分が紹介した友達同士が自分を除いて盛り上がったりすると、何ともいえない寂しさを感じます。

プレゼント魔

「あなたのために特別に」という思いを示すために、ちょっとしたプレゼントを贈ることが好きです。台所に立つ人であれば、「満足させたい」という思いから、人数に見合わない品数と量の食事を作る傾向があります。旅行や出張の多いタイプ2であれば、周りの人のためにお土産を用意します。

そして相手に気持ちを示したときは、相手からも特別な「気持ち」を示されることを期待しますが、一方で、人からのプレゼントを素直に喜べない人も多いようです。

繊細さと大ざっぱさ

相手によく注意を払っており、好物は何か、友達は誰か、何に興味を持っている人か、以前何をあげて何をくれたか、というようなことを、とても細かく見て覚えていますが、一方で妙に大ざっぱなところがあります。

たとえば、ぼたもちが好きな人に「甘党だから」と大きなケーキを買ってきたり、アロハシャツが好きな人に「派手な服が好きだから」とヒョウ柄の靴下を探してきたりすることがあります。相手が喜んでくれるかもしれないことなら、何でも試してみるタイプなのかもしれません。

つらさは体に出る

疲れや怒りなどのつらさをストレートに表現することは、あまりありません。抑圧されたつらさは、肩こりから胃潰瘍《かいよう》まであらゆる形をとって体に現れます。

「仕事が忙しくて大変なの」と言うかわりに、「背中が痛くて仕事にならないのに、忙しくて病院に行けない」と愚痴をこぼすことが多く、体調を崩しているとわかっていても、きちんとしたケアを受けようとしないことが多いようです。

TYPE 2

分裂の方向＝タイプ８

※ストレスがかかると現れやすい要素

タイプ２は、基本的には「あの人のために何をしてあげられるだろう」と考えています。ところが、たまに、「なんで私の言うとおりにしないの」と、自分の思いどおりにならない相手に腹を立てたり、「そんなことして、どうなるかわかっているの?」と脅したりして、周囲を驚かせることがあります。

また、基本的にはあまり強く自己主張することはありませんが、分裂の方向の能力を発揮しているときははっきり主張し、リーダーシップをとることができます。

統合の方向＝タイプ４

※自分らしくないが、受け入れると成長につながる要素

タイプ２は、基本的には相手を中心に考え、自分のことを後回しにするタイプです。遠慮がちで、つい「人の手を煩わせるなんて」と考え、人に助けを求めるのが苦手です。

統合の方向であるタイプ４の要素を受け入れたタイプ２は、自分に何が必要かを理解し、

助けが必要なときは素直に求めることができます。また、悲しみを受け止めることを恐れなくなり、悲しむ人を励ますのではなく、ただ静かに寄り添うことができます。
ひとりで抱えこみがちな気持ちを、「どうすれば、私のこの感情を分かち合えるだろう？」と考えることができます。

ウイング

タイプ2ウイング1（1寄りのタイプ2）

タイプ2の中でも、特に面倒見がよく、まじめです。注目を避けたがり、裏方として、人のために尽くしたいと考えます。自分の健康を顧みない傾向が強いです。

タイプ2ウイング3（3寄りのタイプ2）

タイプ2の中でも、特に外交的で、人との親密な関わりを求めます。世話を焼くことより、質の高い関係を築いて、いつでも相手に関心を注いでいようとします。

健全度が下がるとき

愛がないことを恐れるタイプ2は、自分が「愛を感じ、愛そのものになる」ことを求めます。そして、愛を感じることや、自分が愛であることを、周りに何かをしてあげることで実現しようとします。それが、タイプ2の鎧の指針「愛され、その人たちと親しければ大丈夫」となるのです。人から必要とされ、人の役に立ち、人の支えとなって愛されることを求め、そこに愛をつくり出そうとします。

ところが、人から必要とされたい思いにとらわれるほどに、相手に入りこみすぎます。自分と相手との間の境界線が不明確になり、相手からはお節介、親切を押しつけていると思われてしまいます。

相手をコントロールして、自分に依存させてしまうころには、「愛をつくり出すために助ける人」が、高圧的でわがままな人となってしまうのです。

とらわれ

タイプ２がとらわれやすい感情は「プライド」です。

タイプ２は相手のためにやってあげていると感じて、自分を相手より高い位置に置きがちです。人のために尽くそうという思いと同時に、相手は無力だから私が尽くしてやっているのだと思うのです。それなのに感謝の言葉が返ってこないと、「やってあげたのに」と不満を抱いたりします。

また、そのプライドゆえに、タイプ２は人の助けにはなろうとしますが、自分のニーズに気づきにくいことがあります。つまり「助けられる必要があるのはあなたで、私は大丈夫」と思うのです。

タイプ２の女性はこう語ります。

「人のサポートを受けることが苦手です。若いころ、予備校通いをすることになったとき、予備校の申しこみや下宿先への挨拶をすべてひとりで行いました。下宿先のおばさんには『たくさん下宿生を受け入れたけど、ひとりで挨拶に来たのはあなたがはじめて』と言われました。私は、母に助けてもらわなくてもできて当然と思っていました。本当の気持ちは違うと気がついたのは、最近です。でも、それをまだ母には言えない自分がいます」

タイプ2の人はこう語ります

●人が何を必要としているかがわかります。そんなとき、私はその人を幸せな気分にするために行動を起こします。なので、よく気がきくと言われます。

●職場に後輩が配属されてくると、はじめてのランチはおごります。遠慮する後輩に「いいから。次、後輩が入ってきたらおごってあげて」と一言添えます。

●人から相談されたり、意見を求められるのが好きです。何をおいても時間をとって、相手の話を聞いてあげたいと思います。ところがその後、私が話を聞いてあげたことも忘れたかのように、あっけらかんとされることがあり、そんなときは悲しくなります。

●以前の上司が社内でも力のある人で、その下で働くことがうれしく、よく尽くしました。

●家事が大変なので働き方を変えました。できないときも夫には頼みづらく、「できなくてごめんね」と言ってしまいます。

●私は相手のためにと一生懸命やりますが、その思いが受け止められないと傷つきます。

●おかずの量が多いと言われます。食べさせてあげたい、食べさせなきゃいけないと思っているうちに増えていってしまいます。

●近所のお店の人とも親しくしています。おまけしてくれたり、何かを特別に用意しておいてくれたりするのがうれしいです。

●旅行したときは必ず、いろいろな人にお土産を買うよう心がけています。

●学生時代に付き合っていた彼が、就職活動でなかなか内定がとれないのを心配して、彼のゼミの先生に相談しました。先生にいただいたアドバイスを彼に伝えたところ、彼はプライドを傷つけられたと怒り、しばらく口をきいてくれませんでした。

●若いころ付き合った人から、「重荷になる」と言われました。私が相手のことを思うほどには、相手は求めていないようでした。距離を置きたいと言われ、悲しい思いをしました。

●私の知らないところで友人たちが食事をしたと聞いて、「私は聞いていなかった」と思わず口にしてしまい、気まずい雰囲気になったことがあります。誘われなかったとき

TYPE 2

に、傷つく自分がいやです。
●子どものころから自分勝手はいけないと思い、本当にしたいことを我慢することがありました。人のために頑張って、それで感情的にも疲れ切ってしまうことがよくあります。
●弟の素行を心配する母に助言をしていたとき、あとで妹に「お母さんをさげすんでいるように見えた」と言われました。傲慢《ごうまん》に上からものを言って、反論の余地もないと妹は感じたようです。

タイプ2の子育て

健全なタイプ2は、思いやり深く、その温かさで子どもを包みこみます。子どもを大切に思い、細やかなケアをすることで、子どもを元気にします。子どものよいところを認め、自信がつくように導きます。どんなときも惜しみなく支えの手を差し伸べ、同時にその手を離す時期も心得ています。

子どもにとっては、自分のありのままを共感的に受け止

めてくれる健全なタイプ2は、理想的な親そのものといえるでしょう。

ところが、不健全になるにつれ、タイプ2のとらわれ「プライド」が顔を出してきます。「子どもが友達とトラブルになっていると聞き、頼まれてもいないのに先生に連絡を入れ、解決を図ろうとしました。あとで、子どもからは『自分で言いたいことがあったのに言えなかったのは、ママが先生に言ったからだ』と言われてしまいました。それ以来、同じような場面では『ママ、やめてね』と釘をさされるようになってしまいました」

子どもを思いやり、子どものために何かをしたいと思い、ついつい余計な手出しをしてしまいがちになります。それは、子どものできる力を信じていないことの表れです。親である私がやってあげる人、子どもであるあなたはできない人、と相手をさげすむ位置に置き、子どものできる力を育てることの邪魔をします。

タイプ2の子どもを健全に育てるために

タイプ2の子どもは、人の助けになることを喜びます。親や先生を積極的に手伝い、困っている友人に手を貸し、助けを必要とする人への気遣いもよくします。そんなときには、

TYPE 2

一言「ありがとう」「助かりました」と感謝の言葉を忘れないように心がけましょう。

タイプ2にしてみれば、自分をお母さん役とみなし、子どもの面倒を見るような思いです。感謝の言葉とともに、それが周囲にどんな影響を及ぼし、どのように役立ったか、その子がどのようにかけがえのない存在かを伝えることで、子どもはよりやる気になります。

彼らには、「友達がいる」ということが大変重要です。友達に意識が向いていて、自分のことがおろそかになりがちな子どももいます。友達の世話をしているうちに、忘れ物をしたりします。注意されても大して気にもとめない様子で、繰り返すこともあるようです。ストレスの少ない環境で育てることで、人のことばかりでなく、自分自身の「今」にも注意を向けることができるようになります。

傲慢な態度をとることがあります。礼儀がなっていないと思うかもしれません。細かいことを言って口うるさく指導するより、謙虚な態度を見せたときに喜ぶようにしてください。

大きくなるにつれ、親の干渉をいやがるようになります。親から干渉され、親に依存して生きるのを嫌うのです。自分の人生を自分で決めて生きることを証明するため、大胆で無謀な行動に出ることさえあるようです。子どもの自主性を尊重し、干渉を控えましょう。

親がしつけようとむきになるより、スポーツや習い事、大きくなればアルバイトなど、人にもまれる中で洗練されたマナーを身につけるようになっていきます。本人がそういったことに興味を持つように、援助していくよう心がけましょう。

どのような愛情を受け取りやすいか

タイプ2には、「愛するのは私の仕事、愛されるのはあなたの仕事」という考え方をする部分があります。人を愛したり助けたりしない自分には意味がなく、また、自分は人に愛されたり助けられたりするものではないと感じるのです。

ですから、タイプ2に対して「あなたのためにやってあげるのよ」という態度をとると、いきなりシャッターをおろしてしまうことがあります。

タイプ2に、愛情を素直に受け取ってほしいときには、こちらが素直になることです。「好き」「ありがとう」「うれしい」という気持ちを、素直に言葉と態度で伝えましょう。

タイプ2がこちらの領域に踏みこみすぎたときは、「気持ちはうれしい、ありがとう。でもここまでで大丈夫」ということも、はっきりと伝えます。おおもとにある感謝や好意を伝えることで、タイプ2は喜んで受け入れてくれます。

TYPE 2

TYPE
3

達成する人

気質の輝き	価値
根源的欲求	自分に価値があると感じたい
根源的な恐れ	自分には価値がなく、不充分であること
とらわれ	虚栄
鎧の指針	成功していて、人からよく思われれば大丈夫

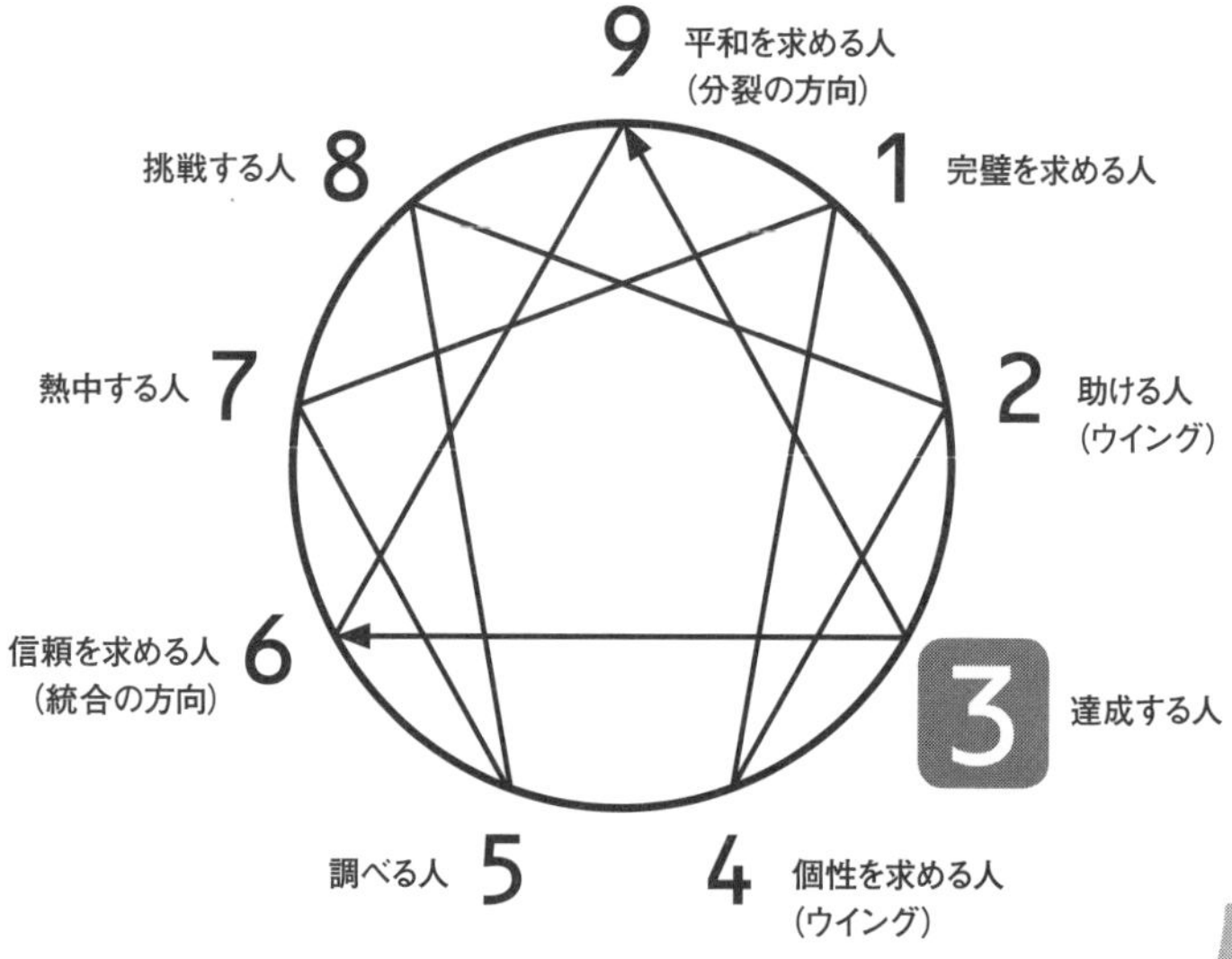

基本的性格

タイプ３は「達成する人」です。自分や人、物事の価値を高めるために計画し、達成することを得意とするタイプです。

長所として、人や物の価値を見抜いて伸ばすことができること、向上心を持ち続けられることなどがあげられます。

短所として、表面的な「よさ」にとらわれてしまうこと、自分の失敗を受け入れられないことなどがあげられます。

期待にこたえ、期待を超える

その人が育った環境の「価値」を敏感に感じ取り、自分の人生をどうデザインしていくかを決めていきます。音楽家の家なら音楽家に、医者の家なら医者になるかもしれません。親が「自分が果たせなかった夢を追ってほしい」と思っていれば、その道を選ぶかもしれません。目指すのは「よいもの」ではなく、その環境において価値あるものです。なので、泥棒の家なら世界一の泥棒を目指す可能性もあります。

そして、周囲の期待どおりになることでは満足せず、その一歩先、期待よりもちょっといい何かを目指します。

クールで効率重視の努力家

基本的にはクールで、結果や効率を重視するタイプです。目標のためには努力を惜しみませんが、無駄な労力を費やしたり、必死になっている姿を人に見られたりするのは、極力避けたいと思っています。

休むときや遊ぶときにも、有意義な休暇、充実した遊びを求めます。

エネルギッシュで情熱的

クールな、というイメージと相反するようですが、とても感動しやすい一面があります。

冷静さをなくすほど浮かれるわけではありませんが、自分や周りの気持ちの盛り上がりを敏感に感じ取り、心を動かすような情熱的な言葉や態度でやる気に火をつけ、やってみよう、やればできるという気持ちを引き出します。

かっこいい

「かっこいい」「感じがいい」「魅力的な」という言葉の似合う人です。ブランド物や、ステータスを示せるような車や家を好む傾向があって、趣味のよさを表せるようなものを身につけます。

会社では頼れる同僚、あこがれの上司、有望な部下であり、家ではいい親、いい子ども、いい配偶者です。ただし、家族にいい暮らしをさせるために懸命に働き、家にいる時間がほとんどないような生活をする場合もあります。

自他を向上させたい

自分の価値を高めて社会に役立てたい、人の価値を引き出してあげたい、という思いがあります。どうすればもっと向上できるか、もっと「価値あるもの」になれるかということに強い興味を抱いています。

TYPE 3

目標を立てて達成する

次々と目標を立てて達成していきます。唯一絶対のものを追求していくという感じではなく、場面や流れにそった、そのときもっともいいもの、もっとも求められているものを手に入れる、という感じです。

達成のための手段は非常に臨機応変で、合理性や効率を重視するため、人によっては「筋が通っていない」「話が違う」と感じることもあります。

また、何か決断を下すとき、人の気持ちを繊細に感じ取ることができるのに、情に流されることを避けるので、冷たいという印象を与えることもあります。

DOとBE

健全なとき、タイプ3はBE（自分は何者か）を基として、そこからDO（何を行うか）を生み出す、というサイクルに乗っています。

しかし通常のタイプ3は、DO（何を行うか）によって、BE（自分は何者か）を決めていこうとします。つまり、できたことが自分の価値であるという考え方です。

そのため、やることがない状態のときには、自分の価値や存在が否定されたようなつらさを感じます。立ち止まった自分には何の価値もないという虚無感や、空っぽの自分を人に見られたくないという恐ろしさを感じることもあります。

演出と虚飾

どうすれば自分を最大限、魅力的に演出できるかを知っています。通常、それは洗練された服装や立ち居振る舞いなどで表現されますが、場合によっては、自分が過去に達成したことやおさめた成功について尾ひれをつけて話す、実際にはないものをあたかもあるかのように言う、という虚飾として表れることもあります。

分裂の方向＝タイプ９

※ストレスがかかると現れやすい要素

タイプ３は、基本的には、休むときですら効率を求めるようなタイプです。
ところが、忙しく動き回っていたのがうそのように、電源が切れたように部屋着のままでゴロゴロし、くつろぐためだけに時間を費やして、親しい人たちを驚かせることがあります。

また、基本的には揺れ動きやすい感情を理性で抑圧しているタイプですが、分裂の方向の能力を発揮しているときは、腹の底からの自信と安定感を持つことができ、穏やかな態度で、周りの人たちまで安心させることができます。

統合の方向＝タイプ6
※自分らしくないが、受け入れると成長につながる要素

タイプ3は、基本的には心の奥で孤独を感じていても、それを押し殺して淡々とかっこよく物事をこなすタイプです。いつもきちんとしていて、必死な姿を見せることはありません。

統合の方向であるタイプ6の要素を受け入れたタイプ3は、家族や仲間のために尽くすことこそが自分の仕事だと考え、かっこよさや効率を度外視して、なりふり構わず献身することができます。自分が進むべき道を知っていて、目移りすることなく、まっすぐ進んでいくことができます。

ウイング

タイプ３ウイング２（２寄りのタイプ３）

タイプ３の中でも、特に外交的で、人懐こい感じがします。人間的な魅力を示すことで、人の気持ちをつかもうとします。意識的に自分の印象をコントロールします。

タイプ３ウイング４（４寄りのタイプ３）

タイプ３の中でも、特にクールで、よく働きます。いかにも有能そうで、「さすが」と言われる仕事ぶりで人の気持ちをつかみ、自分に自信をつけていこうとします。

健全度が下がるとき

自分に価値がないことを恐れるタイプ３は、「自分には価値がある」と感じることを求めます。できうる限りの自分になろうと努力し、自分を向上させて、より多くの達成を図ります。つまり、タイプ3の鎧の指針「成功していて、人からよく思われれば大丈夫」という声にしたがって、懸命に働くのです。

もちろん、成功の追求には大きな価値があります。しかし、自分の価値をより大きく見せたいという思いにとらわれると、いい印象を与えるためにイメージを操作し、架空の自分をつくり出して、売りこみます。そうなると、話していることに矛盾が生じたり、事実と異なる誇張をすることもあります。

ミスや失敗により、自分が望むようなイメージが保てないと、自尊心が傷つきやすい傾向があります。

とらわれ

タイプ3がとらわれやすい感情は「虚栄」です。

自分には周りから認めてもらえるほどの価値がないことを恐れ、からっぽなのかもしれないと不安を感じると、達成や成功で自分を飾り立てようとします。そうすることで、

自分の優秀さを人に認めてもらおうとするのです。つねに自分自身を励まして、もっともっとと成功を目指します。

本来、タイプ３の価値が人から認められるのは、タイプ３が自分の本質的な価値を生きているときです。

ところが、「人に認められる」ことに心を奪われ、認めてもらうために自分を飾り立てているうちに、本質的な価値から離れてしまいます。

タイプ3の人はこう語ります

●周りには、見かけも、人間的にも、いい印象を与えたいと思います。また、仕事のできる人という評価を得られるように努力します。
●それなりの成功をしていたいと思います。人から成功していないとみなされることは極力避けたい、と思っています。
●スケジュールがやるべきことでいっぱいになっていると、ワクワクします。
●洗練された有能な人たちの一員でありたいと願いながらも、私よりできる人がいると、

TYPE 3

自分はダメな人間だと感じてしまうことがあります。

●親がかなえたかった夢をかなえ、期待にそって生きてきたと感じます。いい学校、いい会社。ただし、ただ親が望んだとおりに生きるだけではなく、さらにそこから独立してというような、もっとかっこいい生き方を実現してきました。

●明るく前向きな自分、失敗することがあってもすぐ立ち直ろうとする自分が好きです。

●高校時代、目標が見えない生活の中で、退屈のあまりやる気をなくしていました。後ろ向きな気持ちで、もう高校はやめて働きながら大検を受けようかな、と思っていました。そんなとき、親から、海外への短期留学をすすめられました。今思えば、親はどうすれば私を動かせるか知っていたのでしょう。私は目標を見つけました。短期留学を終えて帰国するころには、もう一度留学するために頑張ろうと決めていました。

●見られたくないと思うことがあります。忙しくしていると、人からのぞきこまれないですみます。「走り回っている車はのぞきこまれないが、止まるとのぞきこまれる。だから止まるのが怖い」。そんなふうに思うときは孤独を感じます。

●中学校ぐらいから人生設計をしていました。子どもは3人、理想の奥さんと理想の家庭を築き、いい暮らしをすることを夢見ていました。就職は、将来独立するため、伸びそうな会社で10年修業しようと考えて決めました。いつも目標を持っていて、具体的に何をいつまでに、と考えています。

●人前で話すときは、いかに聴衆を自分に引きつけるか考えます。人がどうやったら引きつけられるか、喜ぶかがわかります。その反面、時には、自分の話は退屈ではないか、みんな本当は聞きたくないのでは、私はつまらない人間なのでは、と恐れることもあります。

タイプ3の子育て

タイプ3の親が、自分の向上を目指して努力している姿は、子どもに大変よい影響を与えます。子どものやる気を引き出し、本人が思っている以上の達成をサポートすることができます。

タイプ3は、自分が人生において成功していることを確認したいと思っています。それは、子育てにおいても同じ

TYPE 3

です。子どもの才能を引き出し、子どもがよい人生を生きるよう、できることはすべてしてやりたいと望んでいます。

それが子どものニーズにそって行われれば、大きな成果を得られるかもしれません。子どもの望むままに、その才能を引き出すために時間を費やし、満足な結果を手にします。ところが、親が子どもを、無意識に、自分の成功のための、自己実現のための道具として使っていたら。それは子どもに大変なストレスを与えることになります。

タイプ3は、周りから、自分が何を期待されているかに敏感です。その期待にこたえて、よい評価を得るように生きています。そのため、周りの考えや、状態によって、時には考えをころころ変える傾向があります。それが理解できずに、子どもが戸惑うことがあるかもしれません。一貫性を持って、親の考えをよく説明するように心がけましょう。

タイプ3の子どもを健全に育てるために

タイプ3の子どもは、これというものを見つけると、しっかり目標を持って地道な努力をします。ですから、さまざまな可能性に出会うような機会を設けてあげるのがいいでしょう。

ひとつの習い事に親が執着しないように、子どもがこれというものを見つけるまでは、いろいろなことにチャレンジさせてみるのもいいでしょう。

タイプ3の子どもは、周りから注目を浴びることを求めています。彼らがいろいろな場面で活躍しようとするのは、そのためであることを忘れないでください。親が期待して応援していることを伝えてください。

そして、機会を見つけては、親が自慢に思っていることを伝えましょう。それによって子どもは自分の価値を感じることができます。それがタイプ3のニーズを満たすことです。特に自分のことをかわいがってくれ、成功を自分のことのように喜んでくれる人の期待には敏感です。

流行に目ざとく、周りの言動に注意を払い、波に乗り遅れないように、取り残されないように気をつけています。着る服にも、自分がどう見えるかにも注意を払い、格好の悪いことは嫌います。

朝から着るものをあれこれ悩んだり、髪形にこだわったりする姿は、気にしない親にとっては、「外見ばかりを気にして」と批判したくなる場面かもしれません。しかし、タイプ

TYPE 3

3にとって身なりを整えることは、タイプ3らしい生き生きとしたやる気を引き出すための助走でもあります。そんなとき、一言「かわいいよ」「素敵よ」と言葉をかけたり、「こっちのほうが元気に見えるよ」とアドバイスをしてもいいでしょう。

持ち物を自慢したり、何かを、あるいは誰かを知っていることを自慢したり、人の気を引くような行動をとることがあるかもしれません。そのことを責めるのではなく、子どもの内側に、胸を張って自慢できる何かを育てることを考えましょう。

どのような愛情を受け取りやすいか

タイプ3には、人の気持ちを繊細に感じ取る部分と、気持ちに引きずられずに行動する部分の両方があります。そのため、人の心の機微をよく理解しているのに、びっくりするほどクールな決断をする、ということがしばしばあります。気持ちを理解してくれるからといって、情に訴えるようなことを言えば行動を変えてくれる、というわけではないのです。

ですから、タイプ3に愛情を素直に受け取ってほしいときには、タイプ3の達成を、理屈と気持ちの両面から認めることが大切です。ただし、達成したことの表面的な「すごさ」を認めるのではなく、それが「どんな意味を持ち、どんな価値を生み出したか」ということを、具体的に伝えましょう。

たとえば、テストでよい点数をとったタイプ3の子どもに対して、「100点をとってすごいね」と言うと、100点という表面的な結果だけを認めることになります。「うれしいな。頑張っているあなたを見ると、お母さんも頑張ろうって思うの」と伝えると、子どもの努力がどんな価値を生み出したか、どんな肯定的な影響を親に与えたかを伝えることになります。

TYPE 4

個性を求める人

気質の輝き	美
根源的欲求	真の自己や個人的意義を見つけたい
根源的な恐れ	自分らしさや、個人的な存在意義がないこと
とらわれ	妬《ねた》み
鎧の指針	自分の気持ちに正直であれば大丈夫

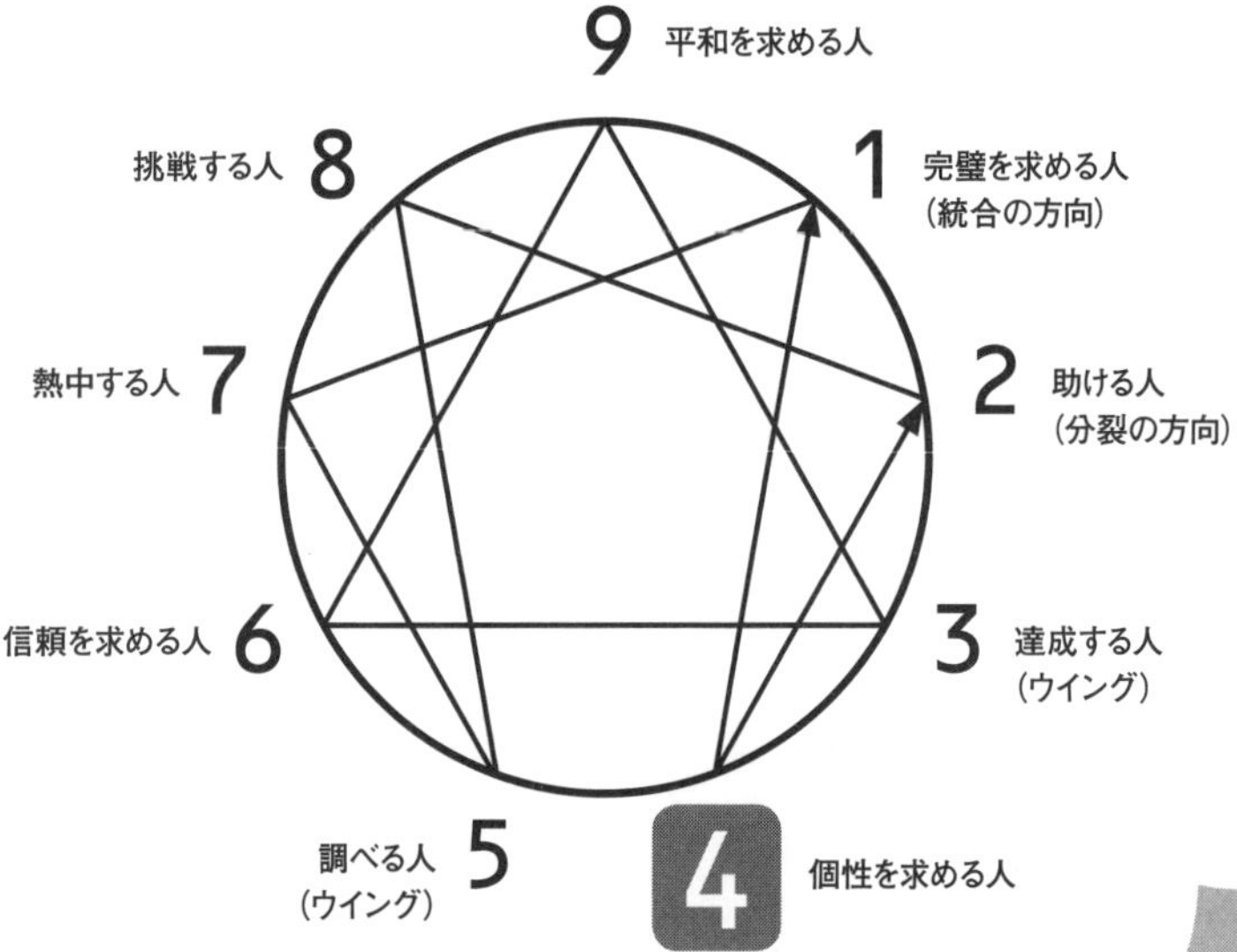

基本的性格

タイプ４は「個性を求める人」です。個性的で、自分は人と違うと感じています。また、物事の深みと「美」に引き寄せられます。

長所として、自分や他人の個性を心から尊重すること、物事を繊細に感じ取ることなどがあげられます。

短所として、否定的な感情に振り回されやすいこと、自分と違う人たちを見下しながら、彼らの持っているものを強くうらやむことなどがあげられます。

個性的

明確な「自分らしさ」を持っていて、はっきりとした好き嫌いがあります。特に自分に対して強い個性を求めており、月並みな発想しかできないならば、自分という個人に価値はないと感じることさえあります。

また、自分の個性だけではなく、人や物事の個性を見出す能力にたけています。一見平凡なものであっても、それがどんなふうに特別か、どんなふうにほかと違うかを繊細に感じ取ります。

独特の美的感覚

ものの美しさを繊細に感じ取る能力にたけていて、表面的な美しさだけではなく、陰の部分にあるもの、見えない美しさを見出します。

非常に深みのある独特の美的感覚で、自分の世界が自分らしく、趣味よく美しくまとまっていると感じられるとき、とても気分よくいられます。

ただし、その「美しさ」は必ずしも万人に理解されるわけではありません。「美しい」ではなく、「すごくその人っぽい」「なんだか独特の」という評価を受けることもあります。

「みんなとは違う」という感覚

よくも悪くも、「自分はほかとは違う」という感覚を持っています。自分は特別だと言えるような才能の場合もあれば、自分はみんなが持っているものを持っていないという劣等感、周りに対する妬みの場合もあります。

この感覚のために、集団の中にいても、なんとなくなじめないような感じを味わうことがあります。子どものころには、自分は本当はこの家の子どもではないと感じたり、本当の家族が迎えに来ることを空想することも多いようです。また、「私だけがこんなに苦しんでいる」と感じ、「私だけは○○しなくていい」「私だけは○○してもいい」と、自分を例外扱いする傾向があります。

ロマンチックでドラマチック

空想癖があり、特に何か気がかりなことがあるわけでなくても、ぼんやりと物思いにふけります。ストーリーのこともあれば、物事にともなう感情や感覚を、じっくりと味わっていることもあります。

タイプ4は物静かですが、感情的には非常にドラマチックです。喜びや楽しさも深く味わいますが、悲しみや苦しさについては、特に深く追求しようとします。また、何か特別な感情に出会ったとき、充分に味わえるまではその気持ちを維持していようとします。

TYPE 4

気分屋

自分にしてみれば、そのときごとに根拠のある判断をして行動しているのに、周りからは「よくわからない」と評価されることがあります。そのときどきの気持ちを偽らないためです。

たとえば、出かける約束をしていて直前で気が変わったようなとき、「約束したからという理由でいやいや行くなら、むしろ約束をキャンセルするほうが相手に対して誠実だ」と感じるようです。

離れて、待つ

何かのきっかけで、「すねて引っこんでしまう」ということがあります。気持ちのうえでシャッターを閉めてしまうこともあれば、物理的にその場を離れてしまうこともあります。

気持ちを持ち直して戻ってくることもありますが、基本的には自分が離れたことに気づいた人、自分が離れた理由を理解してくれる人に迎えに来てほしい、と思っています。また、自分の欠点を先に見せ、それでも好意を示してくれる人に対しては、心を開いて親密に接します。

個人的に親密に関わる

どちらかというと、深く狭い交友関係を求めるタイプです。集団の中では「お高くとまっている」と思われることもありますが、親しい相手とは個人的に親密に関わります。相手を特別な存在ととらえて、相手の感情を非常に丁寧に扱い、思いやり深く振る舞います。

独創性と普遍性

非常に個人的な問題についてどこまでも掘り下げていくことにより、普遍的な問題、普遍的な真理に行きあたることがあります。また、これを繊細に表現することで、人の心を動かすことができます。

タイプ４の多くは、文学や音楽、絵画や立体の造形、身体表現など、何らかの形で自分の内面を表現することを好みます。

TYPE 4

分裂の方向＝タイプ2
※ストレスがかかると現れやすい要素

タイプ4は、基本的にはあまり人に近寄らず、距離をとって接するタイプです。ところが、たまに「大切な人には何かしてあげないといけない」という気持ちに駆られて、人に近づき、世話を焼こうとすることがあります。

また、基本的には「まず自分の気持ちに正直であれ」と思っていますが、分裂の方向の能力を発揮しているときは、相手の気持ちはどうか、相手はどうしたいのかということを先に考え、そのために自分にできることを探し、行うことができるようになります。

統合の方向＝タイプ1
※自分らしくないが、受け入れると成長につながる要素

タイプ4は、基本的にはルールや「すべきこと」よりも、自分の気持ちにしたがって行動したいタイプです。自分らしさにこだわるあまり、つい形式にしたがうことを避けてしまいがちです。

統合の方向であるタイプ1の要素を受け入れたタイプ4は、「決められたとおりに振る舞ったり、そうするべきだという理由で行動することが、私らしさを消すわけではない」ということを理解しています。
気持ちを律して義務を果たすことにより、その独特な感性や個性を、人の役に立てることができます。

ウイング

タイプ4ウイング3（3寄りのタイプ4）

タイプ4の中では、比較的社交的で、個性を保ったまま人と関わろうとします。より優雅で洗練されたものを好み、見ている人のために自分の内面を表現します。

タイプ4ウイング5（5寄りのタイプ4）

タイプ4の中でも、特に独特で、人の評価を気にしません。より神秘的でエキゾチックなものを好み、自分自身で何かを発見するために自分の内面を表現します。

TYPE 4

健全度が下がるとき

自分らしさや、個人的な存在意義がないことを恐れるタイプ4は、ほかの人との違いの中に自分らしさを求めます。

物事を判断する基準となるのは、そのときどきの感情です。ほかとは異なる感じ方をするタイプ4は、「自分の気持ちに正直であれば大丈夫」という鎧の指針にそって、自分の行動を決めるようになります。

ところが、感情は移ろいやすく、安定しません。結果として周りからは、理解できない、気まぐれだと評価されるようになります。他人から理解されないと感じるようになると、人から離れ、自分の内面に没頭し、深い物思いにふけり、自分の中に引きこもりがちになります。

ストレスのかかる状況では、自分を本当に理解してくれる人を求めて、人から離れたところで助けを待ちます。

とらわれ

タイプ４がとらわれやすい感情は「妬み」です。

タイプ４は自分らしい生き方をしたいと願いつつ、その自分らしさを追求する方法として、ほかの人と自分を比べます。その結果、自分の劣っているところを見つけて、周りに対して妬みを抱きます。

子ども時代には、きょうだいと自分を比べ、自分だけが愛されていないと感じることもあるようです。その結果、その妬みはきょうだいに向けられます。

大人になっても、自分の悩みの深さに比べ、楽々と人生を楽しんでいるように感じられる周りの人々に羨望の目を向けます。

TYPE 4

タイプ4の人はこう語ります

●私は劣等感を感じて育ちました。人とは違っていて変わっている、誰も私のことはわかってくれないと思っていました。そして、それはこんな変な家族の中で育ったからだと、両親や兄のことを心の中で責めていました。

●本当に自分を愛してくれる誰かがいつか迎えに来てくれると信じて、待っているような感覚があります。子どものころは、きっとどこかほかに本当の親がいて、自分を救いに来てくれるのではないかと思うことがありました。

●怒りとか嫉妬とかの否定的な感情を一度感じると、そこから抜け出すことが難しいと感じます。気分を引きずります。

●子どものころから、着るものなどにはこだわりました。幼稚園年長のときのお遊戯会で、女の子は色とりどりのチュチュのようなかわいい衣装で、かわいいダンスを踊りました。男の子は黒い衣装でトロイカを踊りました。私はひとり男の子に交じって、黒い衣装でトロイカを踊りました。カラフルなチュチュがいやだったのです。

●中学生、高校生のころは、学校に行かないと、あとで勉強などいろいろ面倒くさいという理由で、学校に行っていました。学校ではほとんど話もしなかったので、いるのかいないのかわからない透明な存在だと感じていました。周りで起きる出来事は、まるで映画でも見ているようで、リアルに感じられず、たまに自分の話が出てきたりするとびっくりしました。

●規則正しい普通の生活のルーティンを守って暮らすのが、とても苦手です。自分のその日の気分で過ごせたら最高だ、とよく思います。リズムを整えるのはしんどいですが、何とか死守していると、体調や気持ちの調子も安定してくるので、やはり大事なことなのだなあと思います。

●そこにいない別の誰かを、悪く言って切り捨てているのを見ると、まるで自分が切り捨てられたかのようにつらくなります。言った人は、私がそばで、ひとりで傷ついているとは思ってもいないようです。なので、人といるのがしんどくなることが多くなり、結果、ひとりのほうがまし、となります。

●自分の好きなところは、「世の中は美しい、人は信じ、愛するに値する」と思える単純さです。そうでない要素は世の中にたくさんあるけど、そうなるよう努力したいよね、

TYPE 4

と家族と話します。

●わかり合える相手とは、心温かく深い結びつきをつくることができます。親友が傷ついたりすると、私はしっかりと彼女の支えになります。相手の気持ちがよく理解できるので、相手もとても心を開いてくれます。

タイプ4の子育て

子どもの気持ちを繊細に受け止めることができます。子どもの思いや気にしていることなどを、直感的に理解します。

自分自身のさまざまな感情を恐れず、隠さず、分かち合うことができるので、子どものそれにも同じように向き合うことができます。「泣きたいなら泣きなさい」と、子どもが自分の感情に触れることを助けます。また、子どもの創造性や独自性を発見し、支え、伸ばすことが得意です。

反面、そこは掘り下げてほしいと思うときに、子どもが問題意識を持たないと、批判的になりがちです。子どもの劣っている面に目を向け、自分と同化してしまって、心が落ち着かなくなります。そうなると、子どものできていないところを責めたり、必要以上に心配性になったりします。

タイプ4の子どもを健全に育てるために

タイプ4の子どもは、寂しがり屋の甘えん坊の子が多いようです。自分を理解してくれる人を求めていますが、理解されないと拒絶されたように感じます。でも、それを表現することはできません。誰も自分を理解してくれないと思い、自分の中に引きこもり、想像の世界で空想にふけります。

なるべく幼いころから理解するように努め、優しく接するようにしてください。理解されていると感じると、自己表現のできる子に育ちます。

タイプ4は、自分には何かが欠けているという自己イメージを持っていますから、何かにつけ臆病で、怖がりです。幼稚園や保育園、小学校に入学するときなど、それで親は苦労するかもしれません。

そんなときに、引っ張ってでも行かせるという態度で接すると、子どもは怖がって余計に行きたがらなくなります。徐々に慣れるような工夫が必要です。

学校などでも、先生がほかの子どもを厳しく叱っているのを見るだけでおびえてしまいます。そうなると、学校は安心して通える場ではなくなってしまいます。

タイプ4の子どもは、気持ちの立て直しがうまくありません。否定的な気持ちはとことん味わわないと手放せないところがあり、いつまでもぐずぐずしていることがあります。

そんなときも、「いつまでもぐずぐず言わないの！」などと突き放さないことです。親の優しさがものをいうときです。優しい気持ちでそばにいて、何かサインを送ってきたら、「おいで」と言って、こちらから優しく抱きしめにいくことです。

どのような愛情を受け取りやすいか

タイプ4はとても感情が豊かで、周りの感情にも繊細に反応します。愛情や喜びをよく感じ取る一方で、特につらさや悲しみには、非常に繊細に反応します。そしてマイナスの感情に浸ることが多いようです。

なので、「面倒だ」「気分が乗らない」というそっけない態度の下にも、つらさ、悲しみ、怒りなどのマイナスの感情が隠れていることが多いようです。

タイプ4に愛情を素直に受け取ってほしいときには、安定感を持って、精神的にも物理的にも寄り添うことです。タイプ4の感情を否定したり、同情して同じ感情にのみこまれたりしても、「邪魔された」と感じさせるだけです。

タイプ4の世界に押し入ろうとせずに、ただ隣に寄り添うだけで充分です。特に、タイプ4がすねて引っこんでしまったときは、ためらわず迎えに行ってください。「放っておいて」と言われても、少し距離を置きつつ、まめに声をかけるようにしてください。

また、何かに誘ったりしたとき、こちらからの呼びかけに応じて出て来てくれるとしたら、それ自体がはっきりとした愛情表現です。温かく迎え、来てくれたことに感謝しましょう。

TYPE 4

TYPE

5

調べる人

気質の輝き	明晰《めいせき》
根源的欲求	現実を理解し、物事の本質を解明したい
根源的な恐れ	無力で、役に立たず無能であること
とらわれ	ためこみ
鎧の指針	何かに熟達すれば大丈夫

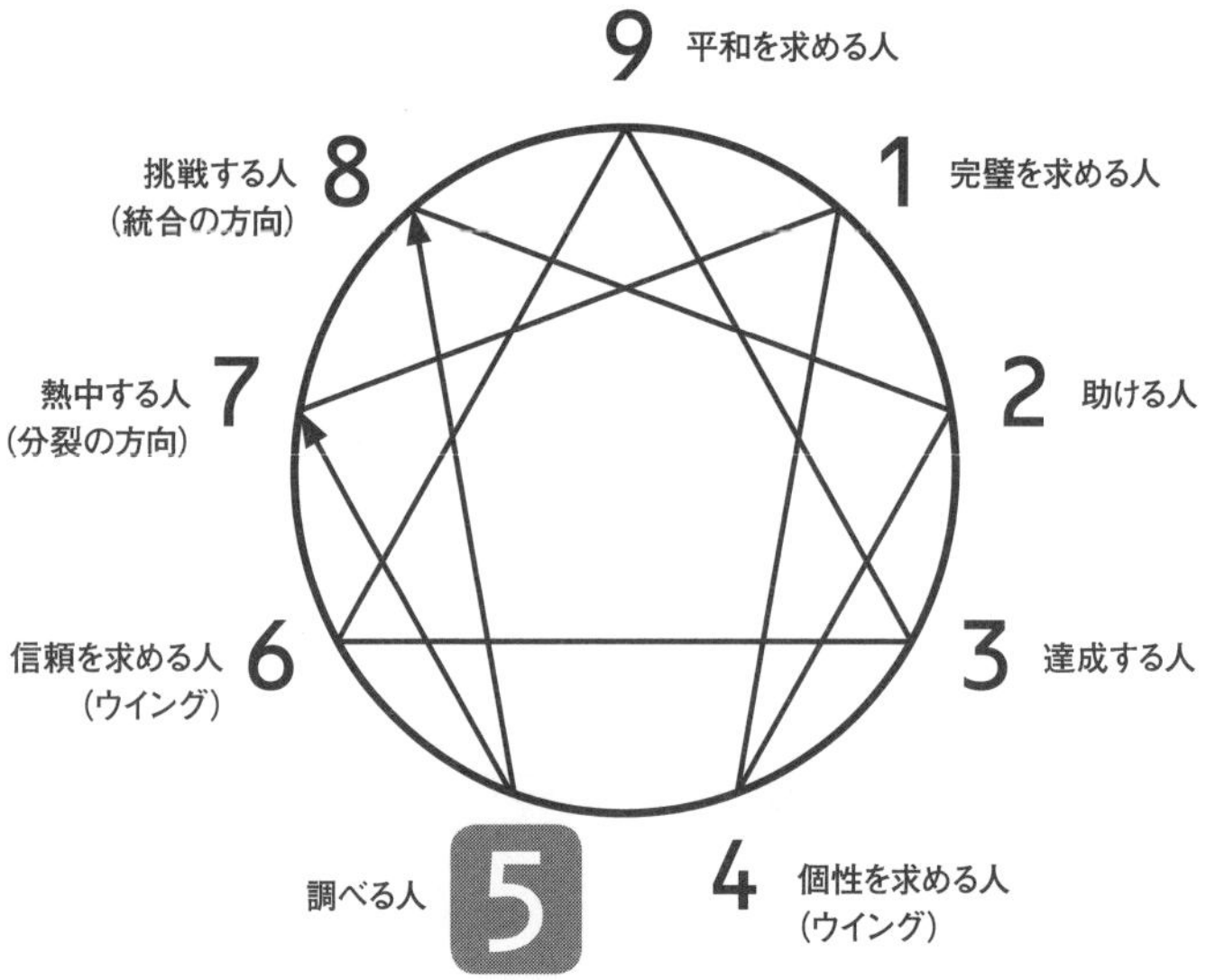

基本的性格

タイプ5は「調べる人」です。物事から少し離れて、よく観察・分析して、本質を見出そうとするタイプです。

長所として、鋭い観察力、事実をありのまま受け入れる冷静さなどがあげられます。

短所として、人と関わるための時間や労力を惜しむこと、議論を好んで言い負かしたがることなどがあげられます。

観察者・傍観者

タイプ5は物事を観察することを好みます。自然現象や経済の動向を観察し、何が起きているかを見抜く能力を持っています。

一方で、人と人との関わりについても、まるで天体観測をするかのように遠くから眺めますが、あまり関わりを持

とうとはしません。その距離感のために「クールな人」「変わった人」という印象を与えます。本人も、なんとなく自分がこの世界に属さない部外者であるように感じています。

孤独を好む

観察や思索のために、できる限り長い時間を自分ひとりで過ごそうとする傾向があります。

ひとりで考え、ひとりで結論を出すので、誰かと議論したり問題を共有するのはそのあとです。考えている途中、調べている途中のものを、人と共有したがりません。誰にも邪魔されず、集中的に頭を使って考えているとき、とても充実していると感じます。

また、人と関わるためには莫大なエネルギーが必要だと感じ、社交を避けます。

よく準備をする

何かを始めるときには、万全の準備を整えてからとりかかるようにします。特に、興味のあることを学ぼうとするとき、予習を欠かしません。

その一方で、事前に集めた知識だけで満足してしまうこともあります。また、「新しいことを始めたいけれど、やったことがなく、できないから、始められない」という当然の矛盾に、真剣に悩むことがあります。

専門家

ある特定の物事について、深く豊富な知識や技能を身につけようとします。専門分野を持つことによって、世界に参加し、人々と交わることができると感じています。具体的に職業として扱っている分野について、専門的な知識を持とうとすることも多いですが、趣味の分野においても、興味を持ったことについては知識をためこもうとします。

関連分野についてもよく調べているので、非常に博識、あるいはオタクっぽいという印象を与えます。

神経質

神経の働きが非常に活発で、よく頭を使ったときなどは特に、クールダウンに時間がかかります。不眠を訴えることも多いようです。

知覚が鋭く、細かいことによく気づく一方で、騒音やまぶしさに「圧倒される」「集中を妨げられる」と感じてストレスになることもしばしばあります。

目立たない

「風変わりな人」という印象を与える一方で、集団の中では目立たないことが多いようです。

エネルギーのほとんどを思考に費やすため、外に向けて発することはほとんどなく、また、社交的な意味合いにおいて存在をアピールするようなこともしないので、「いつからそこにいたの？」「いつの間に帰ったの？」と言われることすらあります。相手に関わらずに遠くから観察しようと、自分から気配を消すこともあります。

関連づけとカテゴリ分け

物事を独特の視点でとらえることによって、隠された法則を見つけ出したり、離れた物事の共通点を見つけ出して、新しい知見を得ます。まったく違う分野の知識を導入したり、今までにないものの見方をすることで、革新的な発明をすることもあります。物事をさまざまな方法で分類することを知っていて、その場に最適なカテゴリ分けを求めます。

また、友人のこともカテゴリ分けすることが多いようです。それぞれが「学校」「近所」「同期」「趣味」「親戚」などに分けられていて、カテゴリをまたいで仲間同士を引き合わせたり、みんなで何かをすることはほとんどありません。

単調で質素な生活

基本的に、あまり浪費することはなく倹約家です。上手に貯金しますが、車や家などを「資産」「ステータス」として所有することには、あまり興味がありません。

同じような場所で同じようなものを買い、同じようなものを食べて同じように眠るという単調さに不満を感じることはほとんどなく、刺激はもっぱら知的な側面に求められます。

知識の探求や知的活動が豊かなものであれば満足で、その他の豊かさを熱心に求めることはしません。

分裂の方向＝タイプ7

※ストレスがかかると現れやすい要素

タイプ5は、基本的には慎重で、衝動的に行動するようなことはあまりありません。

ところが、たまに「今日は羽目を外そう！」とばかりに出かけ、たくさん買い物をしたり、友達を誘ってにぎやかに飲み食いしたりすることがあります。

また、基本的には物静かで、あまり活発ではなく、「無駄なエネルギーを費やしたくない」と考えるタイプですが、分裂の方向の能力を発揮しているときには、活発に活動し、また自由に活動できることに対して深い喜びを感じることができます。

統合の方向＝タイプ8

※自分らしくないが、受け入れると成長につながる要素

タイプ5は、基本的には控えめでおとなしく、あまり人前に出ないタイプです。「自分

にできることはそれほど多くない」と考え、いつまでも様子を見ているところがあります。統合の方向であるタイプ8の要素を受け入れたタイプ5は、何事にも挑戦してみようという意志を持つことができます。「やってみなければわからない」「私がやらずに誰がやる」と感じ、人の上に立って指揮をとり、あらゆるリスクを自分の責任として引き受け、困難に立ち向かっていくことができます。

ウイング

タイプ5ウイング４（４寄りのタイプ５）

タイプ5の中でも、特に革新的です。想像力が豊かで、より芸術的なものを好み、特に暗いテーマにひかれます。内省的で、ひとりで創造的な活動をします。

タイプ5ウイング６（６寄りのタイプ５）

タイプ5の中でも、特に知的で、徹底的な分析を行います。より科学的な考え方をし、粘り強く取り組みます。議論を好み、人との間に協力や敵対の関係を持ちます。

健全度が下がるとき

タイプ5は、自分が無力で、役に立たず、無能であることを恐れます。そこで、「何かに熟達すれば大丈夫」という鎧の指針にしたがって、より自分の思考の中に逃げこみます。活動に参加するより、「自分は有能だ」と感じられる難しい概念や問題に熱中します。

心を通わせるような直接的な人間関係に圧倒されると感じ、ますます人との間に距離を置き、ひとりで過ごす時間が長くなります。自分の時間や空間に立ち入られないように振る舞うため、周りはとりつく島がないと感じるかもしれません。

自分が多くを求めない分、自分にも多くを求めないでほしいという態度です。

とらわれ

タイプ5のとらわれやすい感情は「ためこみ」です。自分の持っている資源（知識・時間・空間・気持ち・エネルギー）をためこまずに使うと、なくなってしまうと恐れます。

さまざまな資源を充分に持っていると感じられるうちは問題ないのですが、補充が間に合わないと感じるようになると、自分ひとりの空間に引きこもり、人のために時間を使わなくなります。

また、気持ちをためこみ、人に自分のことを語らなくなります。

タイプ5の人はこう語ります

●気になったことは詳しく調べます。

●たいして親しくない人に個人的なことを根掘り葉掘り聞かれると、のみこまれるような、圧倒されるような気がします。

●声が小さいようで、気をつけていないと、店員さんに注文を聞き返されることがよくあります。

●夫の話を聞いていて、彼に仕事を発注してくる会社で、まったく仕事が効率化されていないことに驚きます。少し考えれば、手間も経費も半分以下にできそうなものなのに、それでもその企業がつぶれずにきちんと続いているので、すごいなあと妙に感心します。

●ドラマなどで、「よく調べずに書いたのでは？」と思うような設定があると、そこで考えこんでしまい、面白くなくなってしまいます。

●誰にも相談せず、自分で決めることが多いです。人に電話をかけたり、相談をすることは、相手の時間をとることだから気を使ってしまいます。だから結局、関わりそこないます。父の葬儀のとき、母や弟に相談せず、ひとりで段取りをし、あとで家族と関係が悪くなりました。相手に踏みこんで自分のことを釈明したりするのが面倒で、放置しているため、いまだに家族の間でしこりが残っています。

●自分を理解してもらうためにエネルギーを使おうとは思いません。

●人と会話をすると、どうしてあんなに自分のことばかり話すのだろうと不思議に思うことがよくあります。

●よく調べもしないで、自信ありげに話す人を見ると、意地悪したい気持ちにとらわれることがあります。

●子どもの学校のＰＴＡ役員会が苦手で苦痛です。おしゃべりばかりでいつ始まるかわからない、テーマが何かわからない、何時に終わるかわからない、すぐ脱線する。私は親しい人もなく、皆の様子を見ているだけで、脱線したら本題に戻るよう言うだけ。終わったらさっと帰るので、忙しい人と思われています。たまにおしゃべりに加わることがあっても、話題についていけず、ただ聞くだけです。噂話そのものに興味がなく、何が面白いのかもわかりません。

●友人が少なく、人を家に呼ぶことがあまり好きではないので、子どもには家族ぐるみの交流などの経験をさせていません。家族の中でも話すのは主に夫が中心で、私は考えはあっても話しません。私の雑談は聞かれていないと思っているから。いつも思いをのみこんでいます。

●「ザリガニはサバを食べると青くなる」と「フラミンゴはエビを食べているから赤い」という２つの話から、「では、青いザリガニを食べさせて育てたフラミンゴは青くなるのか」という疑問が生まれ、どういう仕組みなのかを何日もかけて調べました。さんざん調べて、結論に達すると、それで満足して、実験しようとまでは思いません。

TYPE 5

タイプ5の子育て

健全なタイプ5は、寛容で、ウイットに富み、子どものために知的環境を整えることを楽しみます。子どもにとっていいと思う選ばれた絵本や、おもちゃ、食べ物など、いろいろ調べて、惜しまず子どものために用意します。

また、子どもという生き物を観察することを楽しむというやり方で、愛情を注ぎ、子育てを楽しみます。子どもが成長するにつれ、文学や音楽、芸術、文化などについて機会をとらえては会話をしたり、一緒に楽しんだりします。

一方で、健全度が下がるにしたがって、愛情表現を怠り、子どもの感情を受け止めるのが難しくなります。子どもの甘えにこたえることも苦痛に感じます。自分の思考の世界にいることが多くなり、子どものニーズに無関心になり、子どもは突き放されたと感じるかもしれません。

あまり社交に興味がないので、意識をしないと、子どもは多様な人々と出会うチャンスを与えられない恐れがあります。

タイプ5の子どもを健全に育てるために

タイプ5の子どもは、旺盛な知識欲でいろいろなことを知りたがります。本を読むのが好きで、歩きながらでも読む子もいるようです。辞書でさえ、タイプ5の子どもにとっては読書の対象です。

ですから、何でもよく知っています。質問すると、能弁に、真剣に、いろいろなことを教えてくれます。あまり物をほしがることもないので、おもちゃを買うより、本のプレゼントが喜ばれます。

タイプ5の子どもは、社交にはあまり興味を示しません。感情的な関わりに圧倒されるせいか、人とは距離を置いて付き合います。人の噂話にも興味を示すことなく、ひとりでいることが多いようです。

人と関わることはしませんが、人をよく観察してはいます。タイプ5にとってみれば、

TYPE 5

人間も知識を得る対象なのかもしれません。

タイプ5の子どもにとって、ひとりの時間は大切です。本を読んだり、ゲームをしたり、自分の興味があることに夢中になります。そのプライバシーが侵害されると、より思考の世界に引きこもることになります。思考の世界に入りこむことで、親の干渉から自由になることができるのです。

何に興味を持っているか、何に熱中しているか、様子を見ながら、ひとりで探求する時間を与えてください。そして子どもが興味を持っていることに耳を傾けてください。親にとって興味のないことでも、それが彼らのコミュニケーションであると認識して、興味を示してください。

どのような愛情を受け取りやすいか

タイプ5はそもそも、社交を好みません。付き合いが悪く、ひとりでいたがるように見えます。これは、タイプ5の「人と付き合うにはたくさんのエネルギーが必要だが、私はそんなにエネルギーを持っていない」という感覚に由来するものです。

タイプ５に愛情を素直に受け取ってほしいときには、細かく少しずつ伝えていくことが有効です。長々と感情に訴えるようなことはせず、端的に「いいね」「好きだよ」と伝えることです。

たいした反応がないからといって、あまりこちらから押しかけていくと、別に嫌いな相手ではなくても、圧倒されると感じて逃げてしまいます。根気よく小さな愛情表現を繰り返すうち、持ち前の分析力で「そういうものだ」と理解します。

また、何の脈絡もなく突然、得意分野について熱弁をふるうことがありますが、これはタイプ５特有の愛情表現です。自分の好きな人と、喜びや感動を分かち合おうとしているのです。調子を合わせて、耳を傾けましょう。

TYPE 6

信頼を求める人

気質の輝き	信頼
根源的欲求	自分が安全で支えられるため、 信頼できる方向性を見つけたい
根源的な恐れ	方向性がなく、支えや導きがないこと
とらわれ	不安
鎧の指針	周りから期待されることをすれば大丈夫

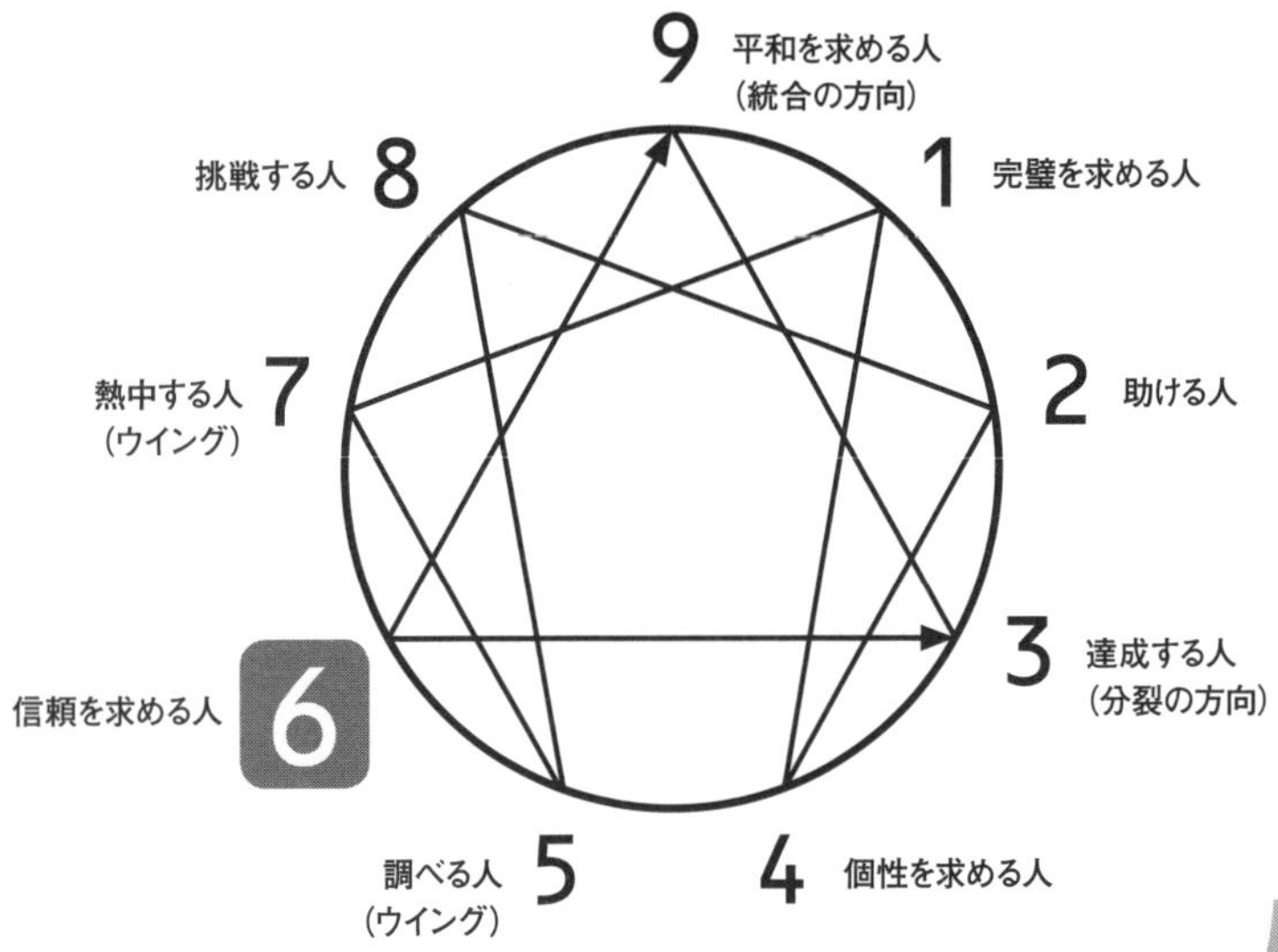

基本的性格

タイプ６は「信頼を求める人」です。人から信頼されるような行いをし、また、自分が全幅の信頼を置けるものを求めているタイプです。

長所として、丁寧で心のこもった言動や仕事ぶり、仲間や組織に対する忠誠などがあげられます。

短所として、感情や行動が大きく動揺しやすいこと、心配性なことなどがあげられます。

安全志向で心配性

さまざまな危険を察知し、前もって対策を講じます。ほんの小さなリスクを見逃さず、あらゆる可能性を想定するので、組織においては優秀なトラブルシューターとなります。

同時に心配性です。当然起こりうる事態だと考えて心配をしているのに、周りの人に「平気平気」と軽くあしらわれると、「真剣に取り合ってくれない」と腹を立て、ますます心配になることがあります。

TYPE
6

信頼できるものを求める

自分の進むべき道を知りたい、という気持ちがあり、安心してついていける人や組織、考え方、教えを求めます。

何かを決めるとき、信頼できる人のアドバイスを求めますが、必ずしも権威者の指示にしたがうわけではありません。自分の中にある答えと見比べて確認したい、お墨つきがほしい、という気持ちです。

「歴史があるものは、それなりに信頼できる」という感覚があり、書道や茶道、剣道などのような、「道」を追求するものが好きです。

優等生だが厳格ではない

ルールを守らない人間が罰せられるのは当然だという考えを持つ一方で、ルールをばか正直に守る必要はないという考えも持っています。

「規則は規則だから」ということではなく、何のための規則か、その根本の考え方は何かということを理解して、それにそって行動しているなら、細かいところまであれこれと厳しくしなくてもいいだろう、と考えるのです。

信頼と誠実

自分にも相手にも、信頼にこたえる誠実さを求めます。人からの信頼にこたえ、自分が信頼したもの、自分を信頼するもののために尽くします。たとえば、企業に勤めている場合、会社の理念や決断を信頼し、その会社の一社員としての明確な責任感を持って、会社のために尽くします。

しかし、もしその会社が、脱税などの行為によって自分の信頼を裏切ったときは、深い信頼が内部告発などの形で表れ、「あんなに会社に尽くしていた人が……」と周りを驚かせることがあります。不正を許せないということより、「信頼を取り戻してほしい」という誠実さによる行動です。

揺れ動き

いろいろな不安が頭の中をめぐるせいで、思考と行動が落ち着きなく揺れ動くことがあります。

「したほうがいい」と「しないほうがいい」の間で気持ちが揺れ動き、「やりたい・やりたくない」「したがう・抵抗する」「信じる・疑う」という正反対の感情や行動の間を、振り子のように行き来します。

　このようなときはパニックを起こしやすく、パニックになると、急にキレる、とっさにうそをつくというような、普段では考えられないような行動をとることもあります。

　自分の進むべき方向を確認し、大丈夫だということを納得すると、いつもどおりの落ち着いた判断ができるようになります。

丁寧なバランス型

　品質と効率については、どちらかに力を入れすぎるともう一方が犠牲になることをよく理解しており、「安心できる品質のものを、できるだけ効率よく」というようなバランスのとれた考え方をします。

実用一辺倒で不格好なものや、デザイン重視で使いにくいものではなく、使い勝手がよくわかりやすい、見た目もなかなか、というバランスのとれたものを作ろうとします。

いずれにしても、雑な仕事を嫌い、心のこもった丁寧で細やかな仕事をします。

肩書に弱い

肩書がすべてでないことはよく理解していても、ついつい人を肩書で判断してしまう傾向があります。肩書があるには、それなりの理由があるだろうと考えてしまうからです。

同じ考え方から、あの会社の製品だから、あの人がいいと言っているから、みんなが使っているからという理由で、物の価値を評価する傾向があります。

話が長い

持ち前の誠実さと丁寧さのため、話が長くなる傾向があります。事実を正確に伝えようとして、あれもこれもと説明するうちにどんどん話が長くなり、「で、結局何なの？」と言われてしまうことがあります。

また、同じような理由から、持ち歩く荷物も多くなりがちです。ハサミや傘など「使うかどうかわからないけれど、持っていれば安心」というものは持ち歩きたいと考えます。

分裂の方向＝タイプ3
※ストレスがかかると現れやすい要素

タイプ6は、基本的には「みんなの力を合わせて成功させよう」と考えるタイプです。ところが、ときどき、かっこいい個人プレーで自分だけ脚光を浴びようとしたり、「できる自分」というイメージを売りこむことがあります。

また、基本的には確信を持つことが苦手で、マイナス思考にとらわれがちなタイプですが、分裂の方向の能力を発揮しているときには、自分に何ができ、今までにどんな価値のあることを成し遂げてきたかをあげることができ、自信を持って問題に取り組むことができます。

統合の方向＝タイプ9
※自分らしくないが、受け入れると成長につながる要素

タイプ6は基本的には不安が強く、この先何が起こるかということで頭がいっぱいにな

りがちです。

統合の方向であるタイプ9の要素を受け入れたタイプ6は、「先のことを心配するより、今何をすべきかを考えたほうがいい」ということを理解しています。大地に根を張ったかのような落ち着きを持って問題に臨み、あらゆる混乱を受け止めて調和させ、解決策を導き出すことができます。

そして、「私がいるから大丈夫」と、内面の安定を周囲に広げていくことができます。

ウイング

タイプ6ウイング5（5寄りのタイプ6）
タイプ6の中でも、特にまじめで、集中力があります。専門分野について、多くの知識を持っています。独立していて、ひとりでも行動し、あまり助言を求めません。

タイプ6ウイング7（7寄りのタイプ6）
タイプ6の中でも、特に仲間を大切にし、明るく親しげで、ユーモアがあります。人付き合いがよく、重要な決定の前には親しい仲間の後押しを求めます。

健全度が下がるとき

方向性がなく、支えや導きがないことを恐れ、不安が高まり、自分の考えや選択に自信が持てなくなります。その結果、鎧の指針にしたがって、「周りから期待されることをすれば大丈夫」と、信頼している人や考えや教え、組織への依存度が高まります。

考えと気持ちの間の揺れ動きが激しくなり、依存していながら、その相手に抵抗するような事態に陥ります。

信頼する相手のあら探しをして、信頼できないと非難しますが、離れようとはしません。現状に文句を言いながらも、変えようとはしません。

疑い深く、反抗的になり、人の心を読もうとします。悲観的に考えることで、悪いことに備えようとします。「別れたいんでしょ」とか「辞表を出せばいいんでしょ」と、悲観的なことを言って相手を試したりします。

とらわれ

タイプ6のとらわれやすい感情は「不安」です。やらなければならないとわかっていることでも、つい不安でためらってしまうことがあります。

あるタイプ6の人はこんなふうに言います。

「よく、アドバイスがほしいと思います。学生のころは、先生の期待にそって勉強をして、いい成績をとればよかったので、不安を感じることはありませんでした。ところが、社会に出てからは答えが出ないことが多く、不安に揺れます」

タイプ6の人はこう語ります

●人をつい肩書や学歴で判断することがあります。

●難しそうな課題の前で、「できない」「やらなきゃ」の間を揺れ動くことがよくあります。一度申しこんだものに行くかどうかさえ悩みます。

●よく「話が長い」と言われます。伝わっているかどうかが不安で、説明を補っているうちに話が長くなります。

●小さいころ、親に聞くことが多かったので、自分は自分で決められないのだと思っていました。しかし、大きくなって、安心のために自分の考えを確認しているのだと気づきました。

●「好きにしていいよ」と言われると、行く先がわからず、戸惑い、みじめに感じます。

●会社の後輩を指導するときは、上司の「○年目にはこのくらい」という基準を確認し、それにそって指導します。

●いい上司やいいモデルを探している自分を感じます。同時に、誤ったものを追わないように注意しています。

●手本になる人を求めますが、人が見つからないと、本屋で本を探してその著者を勝手に師匠にします。

●自分が頑張って達成することで親が喜ぶならと思い、いい子でやってきました。みんなに「いいお母さんになれるよ」と言われてきて、実際母親になったとき、いい母親にならなければと焦りましたが、いい母親像がわからないので、大変だなと思いました。

●不安からあれこれ考えて、買いだめしたり、荷物が多くなったりします。

●長男の中学受験の際、過去の問題集を購入しました。受験校がまだ絞りこめていない時期だったので、検討校も含め7校分購入しました。入試直前になって慌てたり、売り切れたりすることがあると聞いていたので、それは困ると思って買ったのですが、長男には「こんなに買っているのは僕だけだった」と言われました。

●育休から復帰してしばらくの間、私の通勤バッグの中には必ず、紙オムツと赤ちゃんせんべいとビニール袋が入っていました。それらはワーキングマザーの必需品だと、本に書いてあったからです。「おもらししちゃうかも、おなかがすいてぐずるかも、気持ち悪くなっちゃったりするかも」。でも結局、一度も使うことなく、バッグの中でヨレヨレ・ボロボロになっていました。

タイプ6の子育て

健全なタイプ6は、まじめで責任感が強いその傾向から、子育てもきちんとやろうとします。子どもの様子を肉体的にも、精神的にもよく見て、どのようなケアが必要かを判断しようとします。子どものちょっとした変化にも気づきやすく、行き届いた対応をします。

同時に、いきすぎると心配しすぎるという傾向が表れてきます。不安から、必要以上に子どもの話を聞きたがったりします。子どもの安全確認のため、ついつい子どもに口うるさくなるかもしれません。

また、自信がないと感じると、自分の考えを信じることなく、さまざまな子育て情報に振り回されます。

あるタイプ6の母親は、「皆がやっていることに弱く、『お友達がやっている』と聞くと、ついうちもとなって、習い事などもやらせすぎているかもしれません」と語ります。

タイプ6は、信頼して相談できる人を見つけることで安定します。その人と話していて発見するのは、結局、自分がどうしたいかを知っているということです。タイプ6の人が相談するのは、相手に結論を出してもらいたいからではなく、自分の考えを確認したいからです。

タイプ6の子どもを健全に育てるために

タイプ6の子どもは、いわゆる「いい子」です。大人の期待を感じて、その期待にそうよう生活をします。家では親の様子に配慮し、学校では先生の言うことをよく聞き、勉強面でもよく努力します。

ただし、それは相手次第という側面もあります。親や先生が安定的で力強いと、彼らは従順なよい子です。ところが、家庭が不安定であったり、先生に力がないと、まったく反対の態度をとることがあります。

つまり相手によって、その状況によって、「悪い子」にもなるのがタイプ6の子どもです。特に、その家や集団のルールをはっきりと示すことのできる人が、大きな影響力を持ちます。親がしっかりと強い存在感を持っているとき、タイプ6の子どもも健全に自立していきます。

人間関係を大切にして、大人とも、同年齢の友達ともよく付き合います。大人の話にも

TYPE 6

うまく溶けこみ、一度できた人間関係を長く維持します。友達付き合いがよく、友達と約束してはよく遊びます。友達のちょっとした変化にもよく気づき、優しい言葉をかけます。

タイプ6の子どもは、親にしてみれば、育てやすい子どもといえるかもしれません。安全志向ですから、親が心配するような危険を冒すことはあまりありません。物事を計画的に考え、ひとつひとつ積み上げていくようなやり方を選びます。

しかし、親によっては、「いちいち親に確認しないで、自分で決めればいいのに」という不満を抱くこともあるようです。ここで注意したいのは、タイプ6が「どうしたらいいの？」と尋ねるとき、答えはすでに本人の中にあるのに、まだ見つかっていない、あるいは確信が持てないだけ、ということがあるということです。「どうしたらいいのかな」と一緒に考え、話に耳を傾けて、気持ちの整理を手助けすることで、思いのほかしっかりとした考えを持っていることに気がつくことも多いでしょう。

タイプ6の子どもの環境で大切なことは、そばに誰か強い人がいることです。基本的に不安の強いタイプ6の子どもは、その人に守ってもらえるという安心感の中で、のびのびと育つことができます。

どのような愛情を受け取りやすいか

タイプ６の愛情は、信頼と密接に結びついています。信頼関係が築けていれば、どのような伝え方をしても、その根底にある愛情を素直に受け取ってくれます。

もし、タイプ６に愛情を伝えるときに問題があるとすれば、信頼関係に問題があるときです。単に信頼関係が築けていないとき、あるいは、信頼関係は築けているものの、タイプ６に定期的に起こる「まだ疑えるところがあるのでは？」という信頼度チェックのタイミングにあたってしまったときのどちらかです。

何もないのに急にタイプ６の態度が変わったからといって、動揺してはいけません。誠実な態度で信頼していれば、必ずあるべき位置に戻ってきます。

タイプ６の言動が揺れ動いているとき、本人は、自覚しているかいないかにかかわらず、強いストレスを感じています。もし、こちらを試すようなことをしても、「信じてくれないの⁉」などと感情的にならず、誠実に丁寧に、を心がけましょう。

TYPE 6

TYPE

7

熱中する人

気質の輝き	喜び
根源的欲求	幸せで、自由で、満足し、充足したい
根源的な恐れ	必要なものを奪われ、心の痛みにとらわれること
とらわれ	貪欲
鎧の指針	満足するものを手に入れれば大丈夫

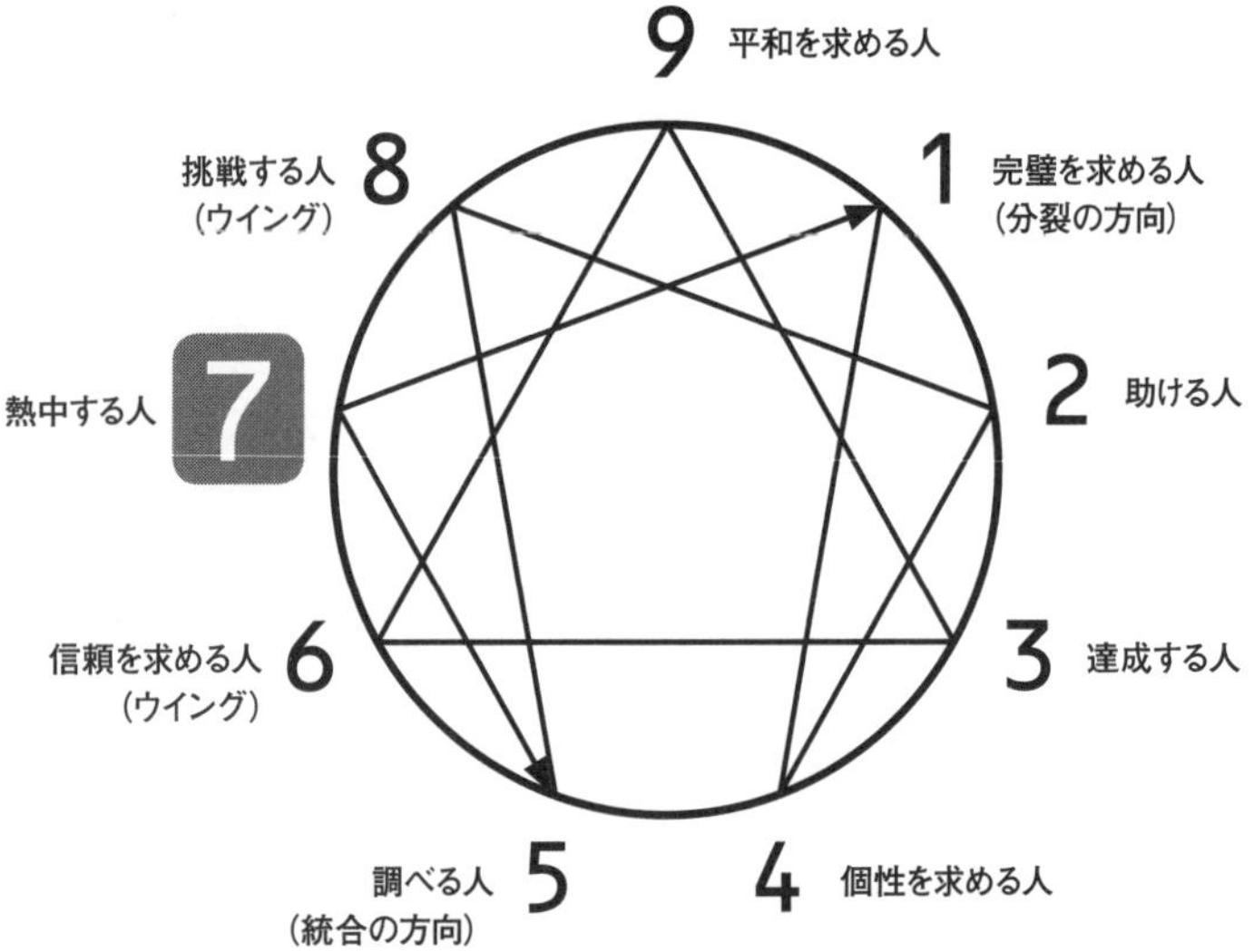

基本的性格

タイプ７は「熱中する人」です。つねに何かに熱中していて、多大なエネルギーをそこに費やし、喜びにあふれているタイプです。

長所として、明るく前向きなこと、活力にあふれていることなどがあげられます。

短所として、すぐ物事に見切りをつけてしまうこと、苦しみと向き合いたがらないことなどがあげられます。

自由を楽しむ

タイプ７は自由を求める人たちです。自由とは、「これから、どこに行って何をするかに制限がない」という意味です。価値観や、やるべきことの押しつけを嫌い、自分から積極的に物事に向かっていきます。

ストレスがかかっても、あるところまでは、持ち前のポジティブさで「その中で何ができるか」「そこにどんな自由があるか」を探して楽しみますが、それを超えるストレスからは目をそらしたり、逃げたりする傾向があります。

明るく元気

タイプ7はとても明るく、遊び心を持ち、いつでも「どうすればもっと楽しくなるか」を考えています。また、非常に楽観的で、「大体のことはなんとかなる」と考えています。いろいろなことに興味を持ち、広い範囲を活発に動き回って、さまざまな活動に関わります。エネルギッシュでハイテンション、「元気」という言葉のよく似合う人たちです。

悲しいのは苦手

悲しみや苦しみを正面からとらえることで、自分の心が痛みにとらわれること、身動きがとれなくなることを恐れています。

タイプ7自身の感覚としては、周りの人がやたらとマイナス思考で、いつまでもつらい話ばかりしていると感じることがあります。そこで話を切り上げようとしたり、明る

い話につなげて終わらせようとすると、相手は「取り合ってもらえない」と言って余計悲しがります。

自分自身のつらさと向き合うことは特に苦手で、つらいことが起きたときは、いつも以上に予定を詰めこんで、物事の余韻を味わわないようにしてしまうことがあります。

熱中する

タイプ7は、つねに何かに熱中しています。「マイブーム」という言い方をしてもいいでしょう。人生で何かひとつのことに打ちこむというより、興味を持ったことにどんどんチャレンジします。

そのときどきで興味の対象は変わり、これと思ったものにはとことん情熱を傾けます。結果として、多才で多趣味な人となります。

器用貧乏

何をやってもそこそこうまくできるのですが、飽きっぽいので、あまり極めるということがありません。たとえば、スポーツでプロになるほどの実力をつけたとしても、飽きた

TYPE 7

らあっさりやめてしまいます。ひとつのことを極めるために、ほかの可能性を捨てるという選択が、とてもつまらないものに感じられるのです。

マルチタスクと集中力

タイプ7の集中力は、「ひとつのことに没頭して時間を忘れる」ではなく、「短い時間に集中して効率よく仕事をこなす」という形で発揮されます。

集中力を発揮することで、「電話で話を聞きながら、同時にパソコンでメールの返信をし、頭では午後の予定を考えつつも、電話の相手にばれないようにおにぎりを食べる」というようなマルチタスクをこなすことができます。

また、自分にその能力があることを知っているので、期限ギリギリになってから仕事を始める人も多いようです。

楽しいことを逃したくない

タイプ7は、神経が興奮して熱狂の渦に巻きこまれるような体験をすると、大きな充実感を得ます。

彼らの頭の中はいつも、「次にどんな楽しいことをするか」でいっぱいですが、同時に、「次のことが考えられないぐらい強烈に楽しいこと」を求めています。楽しいことを見逃さないように、たくさんの予定を入れ、たくさんの経験をしようとします。

面白そうなことにはすぐに飛びつくため、そこからトラブルに巻きこまれることもあるようです。

自然体

付き合いがよかったり、着飾ることを好んだりすることもありますが、動機は「自分が楽しいことをする」であり、人にどう思われるか、人からどう見えるかということは、あまり問題になりません。未知のものを恐れず、いろいろな服を着て、いろいろな場所に行き、いろいろな人と関わり、いろいろなものを食べます。

ほしいものをはっきりと求め、好きなものは明確に「好き」と言う、自然体の人たちです。

TYPE 7

分裂の方向＝タイプ1
※ストレスがかかると現れやすい要素

タイプ7は、基本的には明るく楽しく、どんなことでも前向きにとらえよう、できる限りOKと言おう、とするタイプです。

ところが、たまに、「どうしてちゃんとできないんだ、これじゃダメだ」という厳しさを発揮して、周りを驚かせることがあります。

また、基本的には楽しみを優先して、面倒な問題は後回しにしがちですが、分裂の方向の能力を発揮しているときは、まずやるべきことをやり、それからゆっくり楽しもう、という選択をすることができます。

統合の方向＝タイプ5
※自分らしくないが、受け入れると成長につながる要素

タイプ7は、基本的には目移りしがちで、あれもこれも全部楽しみたいと考え、ひとつのことに全力を注ぐことが難しいタイプです。

統合の方向であるタイプ5の要素を受け入れたタイプ7は、「ひとつを選ぶことは、何も選ばないより、ずっと自由ですばらしい」ということを知っています。ひとつのことをどこまでも掘り下げていく中で、全体に通じる知恵を得られることを理解しているので、何かひとつを選択して、そこにすべてをかけることを恐れません。

ウイング

タイプ7ウイング6（6寄りのタイプ7）

タイプ7の中でも、特にユーモアがあり、明るく、友好的です。頭の回転が非常に速く、さまざまなことに興味を示すと同時に、やや飽きっぽさが目立ちます。

タイプ7ウイング8（8寄りのタイプ7）

タイプ7の中でも、特に素早く衝動的で、ほしいものは必ず手に入れようとします。現実に何かを成し遂げることを求め、比較的粘り強く成功を追います。

健全度が下がるとき

タイプ7の根源的な恐れは「必要なものを奪われ、心の痛みにとらわれること」です。健全度が下がると、心の痛みを避けるために、いっそう活動的になります。鎧の指針「満足するものを手に入れれば大丈夫」にそって、刺激を受け、満足できる楽しみを探しに出かけます。自分が興奮し、何かに夢中になっている状態を維持しようとしますが、気が散り、焦点が定まらなくなります。

大切なものを失ったり、傷ついたりすると、癒やされ、立ち直るのに時間がかかるものですが、健全度の低いタイプ7は、すぐに次に行こうとしてしまいます。その結果、心の中に癒やされない傷を抱えることになりますが、その痛みが出てこないように、次々に新たな活動に没頭します。

とらわれ

タイプ７のとらわれやすい感情は「貪欲」です。タイプ７は貪欲に体験を求めます。食べることや遊ぶこと、楽しいこと、刺激的なことは、ついさまざまな犠牲を払ってでも手に入れようと飛びついてしまいます。

自分がすでに手に入れているものを大切にすることより、次の目新しいものに意識が移ってしまいます。あれもこれもと貪欲に求めているうちに、結局どれも手に入れていないことに気づきます。

タイプ７の人はこう語ります

●最終的には物事すべてがうまくいくと思っています。

●規範を重視するより、自由を選ぶことが多かったです。高校生くらいのときから、授業の内容や進め方がつまらないと感じたら、授業に出ずにその時間を自分のやりたいことのために使いました。それができないときは、教室で昼寝しました。

●自分は逆境に強いと思います。つらいことがあっても、それを明るい方向に、肯定的に解釈する天才です。

●「大丈夫だよ。うまくいくよ」が口癖です。子どもたちにもそう言って育てました。

●じっとしているのが嫌いで、次々と動き回り、精力的にやりたいことに取り組みます。そして、そんな自分に満足しています。

●しなくてはいけないことを横目に、お楽しみにうつつを抜かします。洗濯機がピーッと呼んでいるのを知りつつ、本を最後まで読み続けることがあります。

●知らない街に行っても、おいしいお店を見つけられます。ガイドブックに頼らずに、直感で判断します。外れたことはありません、というより、外れたことは記憶に残しません。

●いろいろな分野にアンテナを張っているので、一見物知り風です。でも、深く知る前に次に興味が移っているので、特定分野のオーソリティにはなれませんし、なりたいとも思いません。

●みんなと同じでなくてはいけないという考えを持っていません。先日、同級生の保護者に娘のことを「不思議ちゃんだよね」と言われて、「そうなの、私もそう思ってるんだ」と喜んだら、「すごいね、それを直そうと思わないんだね！」という反応が返ってきて、びっくりしました。

●どんな状況でも楽しみを見つけて伝えられます。即興の遊びが得意で、病院の長い待ち時間の間、娘が絵を描き、私がそれにお話をつけて、それを読んで娘が絵をつなげて……を交互にしてひとつの作品にし、それを夏休みの自由研究として提出しました。

●娘が友達ともめてしょげているときに、娘の話を聞かずに「あの子だけが友達じゃないでしょ、ほかの子と遊べば？」と言ってしまったことがありました。元気のない娘を見たくないのです。手っとり早く元気になるには、ほかの子と遊ぶことです。早くリセットしてほしい、と思っていました。

●息子が中学生、高校生のとき、勉強のすべてにやる気がなく、成績も悪く、進級も危ぶまれたときがありました。そこで私は、進級できないのはかっこ悪いと考え、かっこ悪くなく転校する方法を考えました。思いついたのが海外への引っ越しです。真剣に夫に相談を持ちかけたのですが、あきれられ、即座に却下されました。

タイプ7の子育て

健全なタイプ7は、子どもに楽しいときを与えます。子どもと一緒になって遊び、笑い、面白そうなところに出かけていきます。

生きることは楽しく、日々は喜びにあふれていることを教えます。親自身が自由を求めているので、子どもの自由を束縛することは少ないでしょう。

ところが、じっくり派の子どもに、時間をかけて付き合うことは苦手かもしれません。「早く行こうよ」とせかすことで、子どもが集中してひとつのことを探求する自由を邪魔します。

子どもの気質によっては、親ほどには刺激的な活動を求めていない子もいます。

「娘の学校のある日に、面白そうなイベントがあったので、『こんなのあるよ』と娘を誘っ

たら、彼女は学校を優先しました。以後は邪魔しないように気をつけています」

悲しみに出会うことを避けようとします。子どもがつらい思いをしているとき、そのつらさをただ一緒に体験するかわりに、子どもにその痛みを早く乗り越えることを求めます。そんなとき、子どもは理解されていないと感じるかもしれません。

タイプ7の子どもを健全に育てるために

タイプ7の子どもは、頭の回転が速く、機転がきき、利発な子が多いようです。いろいろなものに興味を持ち、次々と楽しいことを求めて、飛び出していきます。

判断の基準が楽しいかどうかなので、時として不誠実だと感じる行動をすることがあるかもしれません。先約があるのに、もっと面白そうな遊びの約束を入れてしまうとか。それを理解できない親が厳しく説教することで、子どもは拒絶されたと感じるかもしれません。

タイプ7の子どもの基準を理解して、まずは楽しみたいという思いを受け取ってから話し合うようにしましょう。充分楽しませてやってください。幼いころから、子どもの記憶を楽しいことでいっぱいにしておけば、子どもは楽しみを奪われる不安から解放されるでしょう。

楽しいことが大好きですが、夢中になると興奮して、周りが見えなくなり、自分勝手に振る舞うことがあります。テンションが上がり、奇妙な振る舞いをすることもあります。

そんなときも、親は激しく叱らないことです。自分のことを気にかけて、かわいがったり心配したりしてくれる人のことを大変気にする子どもです。厳しい中にも、つねに安心して甘えられることが必要です。

調子がいいと思われることがあるかもしれません。何かをやって叱られても、調子よくすぐに謝ったり、気にしていない様子ですが、じつは、そのあっけらかんとした様子の下に、繊細な傷つきやすさを隠しています。傷ついた心を明るさで隠しているのです。

お金や物をほしがります。熱心におもちゃをほしがるので買い与えたのに、すぐに飽きてほかのものを求めることがあります。そんなとき、彼らが求めているのはおもちゃではなく、気持ちを満たすような体験です。特別なプレゼントは誕生日まで待たせるか、お小遣いをためて買うようにうながし、時間をさいて一緒に楽しめる活動に誘ってみましょう。

どのような愛情を受け取りやすいか

タイプ７は、感情的にも明るくエネルギッシュで、楽しく自由に過ごしたいという考えを持っています。人目や気持ちよりは、自分の楽しみや自由を優先します。

ですから、愛情から「制限」や「束縛」を感じ取ると、「楽しみを奪われるかもしれない」と思い、ドライに身をかわします。タイプ７の愛情表現は豊かでストレートですが、あまりベタベタしたものではありません。

タイプ７に素直に愛情を受け取ってほしいときには、愛情とその他のことを切り離して伝えることです。たとえば、「あなたのためを思っているから言うのよ」などという言い方をすると、愛情と制限が切り離せないものになってしまいます。

好きだという気持ちは、普段からどんどん表現しましょう。何よりの愛情表現は、言葉より一緒に楽しい体験をすることです。そして、ここぞというときには切り離して、「～したほうがいいと思う」「～してくれないと困る」と、はっきり伝えましょう。

TYPE 7

第5章

より大きな充実のために

より健全な自分への一歩

エニアグラムを学ぶことは、時間をかけて身につけてきた自分の鎧に気づくことです。私たちは自分の生まれ持った気質にもとづいて、自分の心に、自分自身を守るための鎧を幾重にも着こんできました。

それは、私たちの弱みを守るための鎧です。多くが自分の身を守る術を知らない、子どものころに着こんだものでしょう。当時は、自分を守るために、その鎧は大変に意味のあるものでした。

ところが大きく成長した今、私たちには自分をよりよく伝えたり、よりよく表現する力があります。ストレスを感じるような何かが起こったとき、その状況をよりよい方向に導くための力が自分にはあると知って行動を起こすのと、自動的にこれまでやってきたように古びた鎧の力を借りて行動を起こすのとでは、結果に大きな違いが表れます。

鎧の力を借りると、うまくいかないときに恐れはより増大し、よりタイプの自動反応に頼ることになります。それは、またいつものパターンに陥ることを意味しています。

エニアグラムを学ぶことは、どんな鎧を着ているかを発見することでは終わりません。自分が着ている鎧がわかったら、その鎧にとらわれない生き方を選ぶことが学習の本来の目的です。

つまり成長とは、新たにさまざまなことを付け加えて大きくなることではなく、これまで身につけてきた、そして今は不要なものを、どんどん脱ぎ捨てていくことなのです。

真剣を抜く前に

いつものパターンに陥り、着こんだ鎧に頼って生きるか、それから解放されて、より健全な道を選ぶかは、一瞬一瞬の選択によります。

そのことをうまく言い表した、ひとつのお話をご紹介しましょう。

白隠《はくいん》禅師は、若い侍に地獄の有無を問われました。

「見た目はいっぱしの武士だが、くだらん質問をするものだ」と、禅師は鼻で笑います。

そう言われた武士は、激高して刀に手をかけ、真剣を抜きます。

するとどう白隠は、「それが地獄よ」と言いました。

その答えを聞き、納得した侍が、刀をおさめ、にやりと笑うと、白隠はすかさず「それが極楽よ」と言ったのです。


私たちは、ストレスを感じると自動的に刀を抜きます。抜く刀はタイプによって異なります。それぞれ慣れ親しんだいつものパターンで、着こんだ鎧に頼って、対応しようとするのです。

ところが、真剣を抜くと、あとに問題が起こります。

言うことを聞かない子どもに、カッとなって怒鳴るのがそれです。仕事でミスをしたことが受け入れられず、失敗を取り繕おうとするのがそれです。不安にかられて、自分を救ってくれそうなものに飛びついてしまうのがそれです。

怒鳴るのも、取り繕うのも、飛びつくのも、それぞれ自動的に起こります。「怒鳴ろう」とか「取り繕おう」と考えてやってはいません。「ここは飛びついておこう」と意識してやっているわけではありません。いつものパターンに振り回されているのです。怒鳴った結果、子どもとトラブルになり、子どもは泣きだし、泣き寝入りした子どもに「ごめんね」

と謝り、自己嫌悪で終わります。

真剣にかけた自分の手に気づいて、その手を下ろすことが健全さへの道です。それは気づきです。

カッとなったときに、我慢することとは違います。我慢して自分を抑えることではありません。我慢には別のストレスがかかります。気づきにはストレスはありません。「今、カッとなって、刀に手をかけている」という気づきです。

これは「今、ここ」に目覚めている状態です。

気づきはストレスを解放する

どのタイプも、ストレスがかかると根源的な恐れが発動します。

道は2つです。ひとつは真剣に手をかけて刀を抜くこと。つまり、恐れから自分の身を守ろうと、タイプの自動反応に身をまかせることです。行く先はいつものパターンです。

もうひとつの道は、タイプの自動反応に身をまかせそうになっている自分に気づき、根源的な恐れそのものと出会って、それを認め受け入れ、行動を選ぶことです。

そのためには勇気が必要です。ここでは、気づきによりストレスを解放して、より健全に生きるための方法を提案します。

チャンスはあなたがストレスを感じたときです。ムカッときたり、落ち着かなくなったり、落ちこんだりと、いつものあなたのあまりよくないパターンが現れたときは、より健全に生きるチャンスです。

まず、「今」の自分の状態に気づくことです。そのときの自分の感情に気づくのです。

たとえば「怒り」で考えてみましょう。自分の「怒り」に気づいているときは、怒ってはいません。怒りを眺めています。怒りの感情を客観的に眺め、怒りにはとらわれていません。この状態を、そのときの自分に出会うといいます。

自分に出会っているとき、私たちは感情にとらわれてはいません。感情にとらわれてしまうと、いつものパターンです。

タイプ別・より健全に生きるためのアドバイス

タイプ８にストレスがかかったとき

タイプ８が真剣を抜く瞬間は、自分こそが場をコントロールすべきだと思い、したがわない者を敵とみなして、プレッシャーをかけようとするときです。また、「強くありたい」という言い訳で、自分や人の気持ちを無視するときです。

より健全に生きるためのアドバイスは、「侵害されないためには、周りをコントロールしなければいけない」という思いこみを手放すことです。

目の前のものを敵だと考え、力ずくで抑えこんだり、脅したりすることで、あなたは敵を育てています。愛を与えて、あなたの味方を育てましょう。気前のいい約束や振る舞いは、あまり役に立ちません。

あなたの力を見せつけるのではなく、小さな子どもに対する母親のような深い優しさで寄り添い、相手を包みこむように扱えば、相手は自然とあなたの大きさに気づくでしょう。

タイプ９にストレスがかかったとき

タイプ９が真剣を抜く瞬間は、自分は大丈夫だと思い、物事との深い関わりや、葛藤や決定を避け、変化に抵抗しようとするときです。また、「場を乱したくない」という言い訳で、主張をせずに黙りこむときです。

より健全に生きるためのアドバイスは、「選ぶのはつねに自分である」と認めることです。これは同時に、「私は、物事に関わり、悩み、選択することで、問題を解決できる」と認めることでもあります。

目の前の問題に向き合い、自分の力で解決することによって、よりはっきり自分の存在や、世界とのつながりを感じることができるでしょう。衝突や摩擦が起きても、あなたにはそれを調和させる力があります。

タイプ1にストレスがかかったとき

タイプ1が真剣を抜く瞬間は、自分の考えこそが正しいと思い、理屈が通じないものや「善くないもの」に腹を立て、非難しようとするときです。また、「自制すべきだ」という言い訳で、自分の気持ちを押し殺したり、人に自制を要求するときです。

より健全に生きるためのアドバイスは、「自分にはいつでも正しい判断ができるわけではない」と認めることです。

あなたが悪いと判断したものを非難するのではなく、そこにある善いものを見つけて、伸ばしてください。自分と他人の、欠点や誤りを許すことを学びましょう。自分の中にある怒りに気づいて、それを認め、問題のない方法でそれを表現しましょう。

タイプ２にストレスがかかったとき

タイプ２が真剣を抜く瞬間は、自分こそが愛を与える側だと思い、人の助けを拒否したり、自分のケアを怠って人の世話を焼くときです。また、「心配だ」「相手のために」という言い訳で、相手の領域に踏みこんでいくときです。

より健全に生きるためのアドバイスは、「愛とは、人を近くで支え助けることである」という思いこみを手放すことです。

人の要求を断ることがあっても、自分自身のために時間を費やすことがあっても、それはあなたが利己的であるということとは違います。自分自身のために生きることを始めましょう。自立したひとりの人間として、離れた場所から見守ることもまた、深い愛の形です。

子どもを含め、人は自分で責任がとれるものです。自分のほうから手を差し伸べるかわりに、求められるのを待ちましょう。

タイプ3にストレスがかかったとき

タイプ3が真剣を抜く瞬間は、自分は注目を浴びる人間であるべきだと思い、自分の成功や能力の「すばらしさ」で人の気を引こうとするときです。また、「結果を出すためには」という言い訳で、過程をおろそかにするときです。

より健全に生きるためのアドバイスは、「認められたり、よく思われることでは自分の価値は上げられない」ことを受け入れることです。

すでに価値ある存在であることを忘れると、「もっともっと」と自分に求めます。より大きな承認を手に入れようとするより、今ある成功を大切にしてください。確実なものを積み上げるとき、その価値はあなた自身のものとなります。

遠くにある理想の自分に夢中になるより、今ここにいるあなたの価値を、身近にいる大切な人たちと分かち合うことです。

タイプ4にストレスがかかったとき

タイプ4が真剣を抜く瞬間は、自分の苦しみが理解されることはないと思い、人との関わりを避けようとするときです。また、「自分に正直でありたい」という言い訳で、自分の気まぐれを正当化するときです。

より健全に生きるためのアドバイスは、「自分らしく生きるためには、気分に振り回されてはいけない」と知ることです。

気分はそのときどきによって変わるものですが、個性とは筋の通った、信念のあるものです。気分に振り回されて不健全な暮らしをしたり、人との交わりを避けることは、精神の健康を損ない、感覚の繊細さを鈍らせ、ひいては個性を失うことにつながります。

規則正しい生活で、健康な精神状態を保ち、さまざまな個性を持った人たちと関わることで、あなたが持つ本来の個性を発揮することが可能になります。

タイプ5にストレスがかかったとき

タイプ5が真剣を抜く瞬間は、自分が一番、物事を理解していると思い、自分の考えがいかに相手の考えよりすぐれているかを示そうとしているときです。また、「自分の考えを押しつけたくない」という言い訳で、気持ちや考えを伝えようとしないときです。

より健全に生きるためのアドバイスは、「知識や技能をより深めるためには、まず今持っているものを人の役に立てなければならない」と知ることです。

知識や技能は、限りなく発展するものです。人と関わり、それぞれが持つ資源を出し合って、試行錯誤する中で、革新的な知恵を得ることができるのです。

タイプ5の本質的な明晰さが生かされるのは、まさに体験をしている瞬間、そこから新しい知恵を見出すときです。まずは参加し、やってみましょう。

タイプ6にストレスがかかったとき

タイプ6が真剣を抜く瞬間は、自分はいつでも正しい道を見極められると思い、異なる信念を持つ人を見下したり、異なる道があることに不安を感じたりするときです。また、「安全なものを選ぶため」という言い訳で、相手を試したりするときです。

より健全に生きるためのアドバイスは、「正しいものについていけば安全というわけではない」と認めることです。

進むべき道が見えるのは、正しいものを選んだり、正しく予想したときではなく、今起きていることをしっかり体験し、静かに見つめることができたときです。

あなたはいつでもリスクに気がついています。冷静に見つめれば、答え合わせの必要ない答えが見つかります。信じるべきものがないときは、自分で築き上げることができます。その冷静な先見性で、自分と人を導いてください。

タイプ７にストレスがかかったとき

タイプ７が真剣を抜く瞬間は、自分は、ほかにやるべきことをしそこねているのではないかと思い、今あるものに飽き足らず、ほかの何かを探しに行くときです。また「明るく前向きでいたい」という言い訳で、不安や悲しみから目を背けるときです。

より健全に生きるためのアドバイスは、「ひとつのことを深くつきつめなければ、本当の喜びを知ることはできない」と認めることです。

ひとつのことをつきつめる過程には、時に、不安や苦痛がともないます。しかし、それらを受け入れてはじめて味わうことのできる、深い喜びや満足があります。

あなたの明るさで世の中を照らしたいと思うのであれば、明るさをふりまくだけでは充分ではありません。あらゆる感情を受け止め、その中でもなお希望を失わずにいられる強さがあってはじめて、人はあなたの明るさに救われるのです。

自己肯定感を高める

あなたは、自分や子どもとどう付き合っていますか？　自分や子どもを、どういう人間として扱っていますか？

そのことを考えていただく、ひとつのお話があります。

私はこの話を、30年以上も前に同僚のアメリカ人から聞きました。それ以来ずっと、この話は私の心の中に住み続けています。その後、『ポリネシアの伝説』と題して映画にもなった話をご紹介しましょう。

ポリネシアの小さなマリオという島に、貧しい集落がありました。

激しい嵐の翌朝、ひとりの赤ん坊が浜に打ち上げられます。村長はこの子どもを神の贈り物と信じ、タマと名づけて後継ぎにしようとしますが、大人たちのさまざまな思惑の間で、いくつもの家をたらい回しにされ、つらい生活をしいられます。

12歳になったタマは、ついに島を出ることを決意し、人に隠れて自分の手でカヌーを作りました。島で唯一優しくしてくれた、同い年の貧しい少女マハナに「必ず迎えに来る」と約束し、タマは海にこぎ出します。

カヌーは、ポリネシアでもっとも成功した白人の貿易商、ジョニー・リンゴが所有する島に流れ着きました。

身分のわからないタマを怪しむ使用人を制し、ジョニーは彼を手厚く保護しました。しかし、大人を疑うことを覚えて育ったタマは、逃げ出したい一心で盗みを働き、ジョニーから「8年間ここで働くように」と命ぜられます。

8年の長さに圧倒されるタマに、ジョニーはさまざまなアドバイスを与えて励まします。喜んで働くこと、卑屈にならないこと、自分を信じること、約束を守ること。

さまざまな技術を教え、約束の8年が過ぎるころ、タマは立派な青年となり、2人の間には深い信頼関係が築かれていました。

20歳になったタマに、ジョニーは「ジョニー・リンゴ」と刻まれた墓を見せ、自分がかつて「ジョニー・リンゴ」という男から、その名と全財産を受け継いだこと、そして死期を悟った今、タマにその名と全財産を譲り渡そうと思っていることを告げました。

しばらくして、ジョニー・リンゴの名と財産を継ぎ、約束を守るためにマハナを迎えにマリオ島に向かいます。タマはジョニー・リンゴの名と財産を継ぎ、
マリオ島に戻っても、ジョニー・リンゴがタマであることには誰も気づきません。

タマは身分を明かさぬまま、花嫁を探していると島中に伝えました。成功した貿易商のジョニーです。花嫁になりたがる娘はたくさんおり、みんな着飾って彼に愛想をふりまきました。

マハナは8年たった今も、毎日、海の見える崖でタマの帰りを待っていました。ジョニー・リンゴの財産に興味のないマハナは、ほかの娘のようには着飾りません。ジョニー・リンゴがタマであることに気づかず、みすぼらしい姿のまま、冷たく接するのです。

タマはマハナに、8年間待たせたから、8頭の牛を結納に差し出そうと申し出ました。やっと、マハナは、彼がタマであることに気づくのでした。

そのころ、その地域では、花婿が花嫁の父に家畜を贈る習慣がありました。ヤギや豚・鶏などが多く、村長の親族が花嫁をめとるときでも、牛1頭が最高の待遇とされていました。

ところが、ジョニーは「この花嫁には牛8頭分の価値がある」と言い、マハナの父親に

牛8頭を贈ったのです。ジョニーがタマであることに気づかない村人たちは驚きました。
「あんな目立たない娘に牛8頭とは！」

彼の島に嫁いだマハナは、まもなく子どもを授かります。

しばらくしたある年、ジョニーの島で大きな祭りが催されました。マハナの故郷のマリオ島からも、多くの村人が訪ねてきました。

村人たちはマハナがどんな暮らしをしているかを見たいと思いますが、ジョニーの隣に座っているはずのマハナがいません。そこにいたのは、あのみすぼらしいマハナではなく、かわいい子どもを抱く、品格のあるそれは美しい女性でした。

村人は恐る恐るジョニーに尋ねます。

「あなたはマハナという娘を、私たちの島から連れて行きました。あの子は今どうしているのですか？」

ジョニーは微笑み、言いました。

「私は牛8頭分の妻をめとりました。そして、妻を牛8頭分のかけがえのないものとして愛しました。これがマハナです」

マハナは、その島一番の美しい女性に成長していたのです。牛8頭分の女性に。


あなたは、自分を牛何頭分の人として扱っていますか？

あなたは、子どもを牛何頭分の人として接していますか？

自分をどう扱うかによって、私たちの生き方は変わります。

そして、子どもは私たちが接したように育ちます。牛8頭分の子どもとして扱えば、牛8頭分の子どもに育つのです。

自己肯定感、自分を愛する気持ちは、そんなときに育つのではないでしょうか。

必然を学ぶ

私はある時期、自分が何も成し遂げられないのではないかと、焦燥感を抱いたことがありました。人生のさまざまなことがかみ合わず、何ひとつとしてうまくいきません。自分には力がない。能力がない。だから仕事もうまくいかない、幸せにはなれない、そう感じました。

これではいけないと、なくした自信を取り戻すために小さな目標を立てて、達成し、それを積み重ねることを考えました。ところが、もっと大きな問題と直面します。小さな目標さえ、何をしていいかわからないのです。もしわかったとしても、すでにできないと思っている私が、小さな目標すらやる気になれないのです。

焦りました。できるのは、とにかく何かにがむしゃらに向かうこと。頑張って、努力して、前に進むこと。でも、それはまるで泥沼に落ちこむような体験でした。落ちまいともがけばもがくほど、深みにはまってしまうのです。私が自分の気質の落とし穴に落ちたときでした。

その時期、私が編み出したもっとも賢明な方法は座ることでした。静かに座って、自分の中に起こるあらゆる怒りや不安、恐れや責める気持ち、それらのすべてと出会うことでした。本当なら逃げ出したいような、すべての感情と出会うことでした。

30分でも、1時間でも、2時間でも、私は座り続けました。ただ、そのときの気持ちと出会います。悲しむことを避けず、責める気持ちを感じ、怒りをごまかさず、それらのひとつひとつを感じました。そして、その感情を眺めました。

それは、うまくいかない自分を何とかするために、新しい何かに挑戦して頑張って努力して、事をうまくいかせることではなく、とことん自分と出会うことでした。

ただ、今やっている当たり前の仕事に没頭して、そのひとつひとつを丁寧に仕上げました。台所に立ち、野菜を刻むことに没頭しました。家の床を磨き続けました。黙々と会社の仕事を片付けました。

何時間もただ座ったこともありました。するとあるとき、ふと心が静かになるときがあります。その瞬間を静かに感じます。そして、心の痛みをすっぽり包みこんでしまうような大きな温かさで自分を包みこみました。

そして、久しぶりに思い出したのが、ジョニー・リンゴの物語でした。

「もし私が、自分を牛8頭分の人として付き合うことができたら、自分を牛8頭分の人として認めることができたら、私はまた自分の中に輝きを取り戻すことができる」

それが私の結論でした。

静かに自分と向き合えば、やってくるはずの答えは必ずやってくることを知りました。

それは何かをすることではなく、何かを手に入れることでもありません。

本来の私になることだと学んだのです。

あとがき

私たちの人生は、まるでひとつの物語のようです。次の章では何が起こるかわかりません。だから物語は面白いのです。

次の章では何が起こるかわからないものの、物語のテーマを決めるのは私たち自身です。目指す生き方や理想の自分の姿を描くことで、それにそって物語を進めることができます。

私はエニアグラムを学んで以来、自分の気質をより健全に生きるというテーマを手に入れました。性格は生まれつきのどうしようもないものではなく、自分自身で育てられるものだと知ったのです。私は、子どもにもそう教えたいと思います。人生は自分次第だと。


この本の執筆にあたり、エニアグラムをより多くの人に伝えるという企画のために、自分を語ってくださったハートフルコミュニケーションの仲間に感謝します。ともに学び、ともに笑い、苦しいときも一緒に悩む仲間の存在が私を勇気づけます。

今回のイラストを担当してくださった、ひらさわきょうこさんもそのひとりです。ともにエニアグラムを学ぶ時間の中で、それぞれの特徴を絵にしてくださいました。今回イラストを見て、自分やほかの人のタイプに気づいた方もおられることでしょう。ひらさわさんの才能に感謝します。

そして、鋭い理解力と洞察力で、この本の執筆をサポートしてくれた娘、島崎真由子に感謝します。そのサポートなくして、この本は生まれませんでした。調べ、下書きをし、私を励まし、時には怠ける私を蹴飛ばしてくれたことに感謝します。

そして、このたびもまた『子どもの心のコーチング』シリーズの1冊として、この本を世に送り出すことを可能にしてくださった、二見書房の渡辺純子さんの忍耐に感謝します。

そして誰より、この本を手にしてくださったあなたに感謝します。あなたがちょっと幸せになれば、この世の幸せ度数が上がります。あなたの子どもの心が輝けば、地球の未来も輝きます。

この本が、皆さんの人生の物語をより豊かなものにすることを願います。

2012年5月

菅原　裕子

参考文献
『エニアグラム――あなたを知る９つのタイプ【基礎編】』
ドン・リチャード・リソ&ラス・ハドソン著／角川書店
『エニアグラム　自分のことが分かる本』
ティム・マクリーン&高岡よし子著／マガジンハウス
『性格と神経症』クラウディオ・ナランホ著／春秋社
『寺子屋「般若心経」』金獄宗信／三笠書房
『子どもの心のコーチング』菅原裕子著／二見書房

自分《じぶん》と子《こ》どもがよくわかる本《ほん》

著者　菅原裕子《すがはらゆうこ》

発行所　株式会社二見書房
東京都千代田区神田三崎町2-18-11
電話　03（3515）2311〔営業〕
03（3515）2313〔編集〕
振替　00170－4－2639

印刷　株式会社堀内印刷所
製本　株式会社村上製本所

ISBN978－4－576－12068－3
https://www.futami.co.jp/